国家无障碍战略研究与应用丛书（第二辑）

信息无障碍发展战略

王莉　杨子真　郭顺义 著

辽宁人民出版社

© 王莉　杨子真　郭顺义　2021

图书在版编目（CIP）数据

信息无障碍发展战略 / 王莉，杨子真，郭顺义著 . —沈阳：
辽宁人民出版社，2021.12
　　（国家无障碍战略研究与应用丛书 . 第二辑）
　　ISBN 978-7-205-10325-5

　　Ⅰ . ①信… Ⅱ . ①王… ②杨… ③郭… Ⅲ . ①残疾人—社会
服务—中国 Ⅳ . ①D699.69

中国版本图书馆 CIP 数据核字（2021）第 230550 号

出版发行：辽宁人民出版社
　　　　　地址：沈阳市和平区十一纬路 25 号　邮编：110003
　　　　　电话：024-23284321（邮　购）　024-23284324（发行部）
　　　　　传真：024-23284191（发行部）　024-23284304（办公室）
　　　　　http：//www.lnpph.com.cn
印　　刷：辽宁新华印务有限公司
幅面尺寸：170mm×240mm
印　　张：14
字　　数：210 千字
出版时间：2021 年 12 月第 1 版
印刷时间：2021 年 12 月第 1 次印刷
责任编辑：李嘉佳　郭　健　赵学良
装帧设计：留白文化
责任校对：吴艳杰
书　　号：ISBN 978-7-205-10325-5
定　　价：70.00 元

总 序

张苏军

欣闻《国家无障碍战略研究与应用丛书》(第二辑)付梓,这份欣喜,既表达了对我国无障碍事业的蓬勃发展态势的喜悦,也有为那些投身于无障碍事业的各界人士的赞许,更饱含对创造更加宜居、宜业、宜游、舒适美好生活环境的期待。此套丛书的出版,对助力我国无障碍法治环境建设,以法治的精神、法治的力量和法治的感召,深入推进我国无障碍环境建设高质量发展,向世界展示中国方案、中国作为和中国成果,意义重大。

此套丛书汇集了我国无障碍理论研究的最新成果,聚合了北京大学、清华大学等国内高校和科研机构专家团队的力量,以多元视角、在诸多层面,系统性地对无障碍的社会价值、经济价值、科技创新等领域进行研究,同时对我国无障碍社会实践进行了深化梳理和总结,对城市更新、适老化改造、全龄友好型社区和残疾人家庭无障碍改造等进行了细化研究,为不断满足人民群众日益增长的对美好生活的需要,促进人的全面发展、逐步实现共同富裕的目标等提供了理论支持,发挥了无障碍理论研究与实践融合的独特作用及价值。

习近平总书记指出:"无障碍设施建设问题是一个国家和社会文明的标志,我们要高度重视。"这为我国无障碍事业发展提供了遵循,指明了方向。无障碍环境建设是一个国家科技化、智能化、信息化水平的体现,是一个国家经济建设和社会建设水平的体现,也是一个国家硬实力和软实力的综合体现。无障碍环境建设的高质量发展,将更好地满足人民群众日益增长的需

张苏军　第十三届全国人大常委会委员,第十三届全国人大监察和司法委员会副主任委员,中国法学会党组成员、副会长。

求，充分体现"以人民为中心"的发展理念。我国有 8500 多万残疾人，有近 2.64 亿 60 岁以上老年人，是世界上残疾人口和老年人口最多的国家，在无障碍环境建设方面有着巨大的现实需求。消除公共设施、交通出行、信息通信等领域的障碍，让广大老年人、残疾人平等地参与到康养、教育、就业和社会生活中，加强无障碍环境建设，是保障全社会成员特别是残疾人、老年人等有特殊需求群体融合共享社会生活的重要前提，是完善城乡基本公共服务的重要内容，是应对老龄化、满足适老化需求的重要措施，是建设美丽中国、健康中国的重要体现，是国家经济发展、人权保障、社会文明进步的重要标志。对于提升老年人、残疾人的社会适应能力，促进社会融合具有重要的现实意义。

近年来，我国无障碍环境建设发展迅猛。无障碍法规政策标准体系不断完善，无障碍设施、无障碍信息、无障碍服务水平不断提高，城乡无障碍环境建设方兴未艾，社区、残疾人家庭无障碍改造受益面不断扩大，无障碍环境建设取得的成就，在国内外彰显了重要的人文价值，产生了良好的社会影响。党的十九届六中全会总结中国共产党从小到大、从弱到强，从胜利走向胜利的根本经验，就在于依靠人民、服务人民、赢得民心。坚持以人民为中心的发展思想，着力保障和改善民生，着力解决人民群众急难愁盼问题，加强基础性、普惠性、兜底性民生保障建设，在幼有所育、学有所教、劳有所得、病有所医、老有所养、住有所居、弱有所扶方面不断推进。为人民创造安宁祥和、稳定有序的社会环境，才能让人民生活全方位改善，获得感、幸福感、安全感更加充实、更有保障、更可持续。这其中，高质量推进无障碍环境建设发展是必不可少、大势所趋的应有之义。

应该看到，当前我国无障碍环境建设与经济建设和社会发展水平还不相适应，无障碍环境建设还面临着诸多亟待解决的困难和问题；我国法律中关于无障碍的规定还不系统、不规范，法律之间缺乏有效衔接，而且多部专业领域的法律中未涉及无障碍环境建设的规定内容，因此，需要整合并形成系统完善的无障碍专门法律，强化无障碍法规政策实施落地的切实举措，进一步以法治来推进无障碍环境建设与国家社会经济发展和人权保障成果的融合，以法治来建立新冠肺炎疫情防控工作中的无障碍环境保障长效机制，以法治来促进无障碍环境护佑人民群众生命安全和身体健康，以法治来保障我国无障碍环境建设持续健康高质量发展，满足社会全体成员对无障碍环境建设日益增长的迫切需求。

无障碍环境建设立法已成为当前重要课题，是新阶段推进无障碍环境建设的必然所需，亟待加快无障碍环境建设立法进程。无障碍环境建设是一项整体的社会改造工程，不仅需要政府的主导，还需社会力量，特别是科研机构、社会组织等的广泛参与。无障碍立法既要立足现实，也要有前瞻性，要在中国特色社会主义法治体系之下探寻无障碍建设的法治保障，满足广大社会成员日益增长的无障碍需求，实现无障碍环境建设的高标准、高质量发展。

借《国家无障碍战略研究与应用丛书》（第二辑）出版，向促进社会美好和谐发展的中国无障碍事业致敬！向丛书全体编创人员表示感谢和敬意！

2021 年 11 月

国家无障碍战略研究与应用丛书（第二辑）

顾　问

叶静漪　庄惟敏　吕世明

前　言

当前，数字技术创新空前活跃，已成为促进经济社会发展、改善民生的重要力量。网民规模、互联网普及率迅速提升，互联网已经深入到老百姓社会生活的方方面面。互联网给人们的购物、出行、社交、娱乐、就医等生活各方面带来极大便利。但不同群体在信息技术的使用上还存在很大的差异，老年人、残疾人等由于身体机能缺陷或退化，面临着各种数字鸿沟问题，难以享受技术进步带来的便利。截至2021年6月，我国非网民规模为4.02亿，使用技能缺乏、文化程度限制和年龄因素是这类群体不上网的主要原因。我国有8600多万残障人士，60岁以上老年人口有2.64亿，他们由于身体机能缺陷或退化，在融入信息社会过程中存在诸多障碍，信息技术使用性数字鸿沟加大。

残疾人、老年人等群体适用的终端、互联网应用种类少，分化扩大数字鸿沟。我国目前有2700万听障者和1200万视障者，适合他们使用的性价比高、易于操作的通信终端种类较少。截至2021年6月，我国政务网站无障碍建设普及率不足30%，APP无障碍化综合体验较好的不足10款，适老化的APP几乎没有。智能终端、移动互联网应用在研发设计时，普遍缺少通用设计理念和意识，对残疾人、老年人等群体需求考虑较少，这进一步加大了使用性数字鸿沟。

长期以来，党中央、国务院坚持以人民为中心的发展思想，高度重视残疾人、老年人等障碍群体权益保障工作，习近平主席指出"全面建成小康社会，残疾人一个也不能少。为残疾人事业做更多事情，也是全面建成小康社会的一个重要方面"。2020年，国务院办公厅印发《关于切实解决老年人运用智能技术困难的实施方案》，提出不断完善智能化的技术服务，进一步完善传统服务措施，逐步建立老年人面对"数字鸿沟"的长效机制。工业和信息化部、中国残疾人联合会发布《关于推进信息无障碍的指导意见》，聚焦老年人、残疾人、偏远地区居民、文化差异人群等信息无障碍重点受益群体，着重消除信息消费资费、终端设备、服务与应用等三方面障碍。2021 年 1 月，工业和信息化部启动互联网应用适老化、无障碍化专项改造行动，深入推进信息无障碍建设。

信息无障碍是指通过信息化手段弥补身体机能、所处环境等存在的差异，使任何人（无论是健全人还是残疾人，无论是年轻人还是老年人）都能平等、方便、安全地获取、交互、使用信息。信息无障碍建设是保障民生的重要内容，是消除数字鸿沟的重要途径，是社会人文关怀精神的要求，是无障碍环境建设的主要组成部分。信息无障碍建设助力消除老年人、残疾人等信息消费的客观障碍，充分释放内需，不仅能为老年人、残疾人等参与信息消费拓展新途径，其催生的新产品、新业态也能为我国数字经济的高质量增长注入新的活力。

信息无障碍建设是应对突发公共事件的迫切需求。新冠疫情让人们更加意识到信息服务的重要性。但是老年人、残疾人等在获取疫情防控信息时存在滞后性和片面性，在居家隔离生活时线上购买防疫用品、生活必需品等存在困难，甚至因为不会扫描健康码而进小区、乘车受阻。加快信息无障碍建设，不仅是满足信息平等权利的需要，更是为更好地应对突发公共事件，保障人民群众生命安全的迫切需求。

我国信息无障碍建设自 21 世纪初开始起步，在政府引导，社会各界力量的参与下，取得了积极进展，信息基础设施不断健全、政务网站无障碍优化持续推进、相关标准规范陆续出台、信息无障碍建设成果日益丰富。取得成就的同时，也要认识到还存在诸多问题，如互联网产品普遍缺乏通用设计理念、信息无障碍终端市场有效供给不足、信息无障碍法规制度建设薄弱等。信息无障碍不仅是技术研发问题，更是一个需要政府、研究机构、高校、企业、社会组织等多方面统筹协调、紧密协作的系统工程。信息无障碍的建设需要全社会多方力量的广泛参与，相关产业配套联合发力，才能可持续发展。

在社会各界的支持下，《信息无障碍发展战略》出版了。本书全面阐述了信息无障碍的内涵和重要意义，给出了信息无障碍的明确定义，系统地梳理了我国信息无障碍的发展阶段、发展历程，从信息基础设施、互联网无障碍、终端产品供给、电信服务、公共服务、标准规范、社会意识等方面，全方位展示我国信息无障碍发展成就，为系统了解信息无障碍的发展提供研究指南，为更好地推进我国信息无障碍建设提供经验借鉴。

本书体现以人为本的思想，以老年人、残疾人等群体的需求为导向，剖析发展中存在的问题，全面地展现老年人、残疾人等在日常生活中的信息需求和使用互联网时面临的各种障碍问题，让相关部门、组织机构和企业等切身感受他们希望加强信息无障碍建设的呼声，为相关工作开展指明方向、突破口和发力点。

本书构建了信息无障碍领域的研究框架，涵盖基础设施、硬件、软件、技术保障、信息服务、综合环境等，通过理论论述和国内外案例分析，让人们切身感受信息无障碍惠及每个人，与每个人都息息相关。本书还特别提出了信息无障碍不仅是信息交流、信息资源的获取与利用的无障碍，更是要发挥信息技术的赋能作用，利用信息化手段，弥补残疾人、老年人等群体的身体机能缺陷、偏远地区的地理位置缺陷。远程医疗、远程教育、智慧养老、"互联网＋科技助残"、数字乡村、"互联网＋辅助器具"……信息通信技术与各行业各领域的创新结合，满足老年人、残疾人的衣食住行、教育、医疗、创业就业等民生需求。

借本书出版的机会，呼吁更多的力量能够积极投入到信息无障碍建设中，抓住推进科技惠民的重要契机，希望社会信息无障碍意识能显著提升。切实让老年人、残疾人等群体在信息化发展中享受到更多的获得感、幸福感、安全感。

本书丁丽婷、胡穆、刘如旭参与了编写，在此深表感谢！

作者

2021 年 3 月

目　录

第一章

信息无障碍的内涵

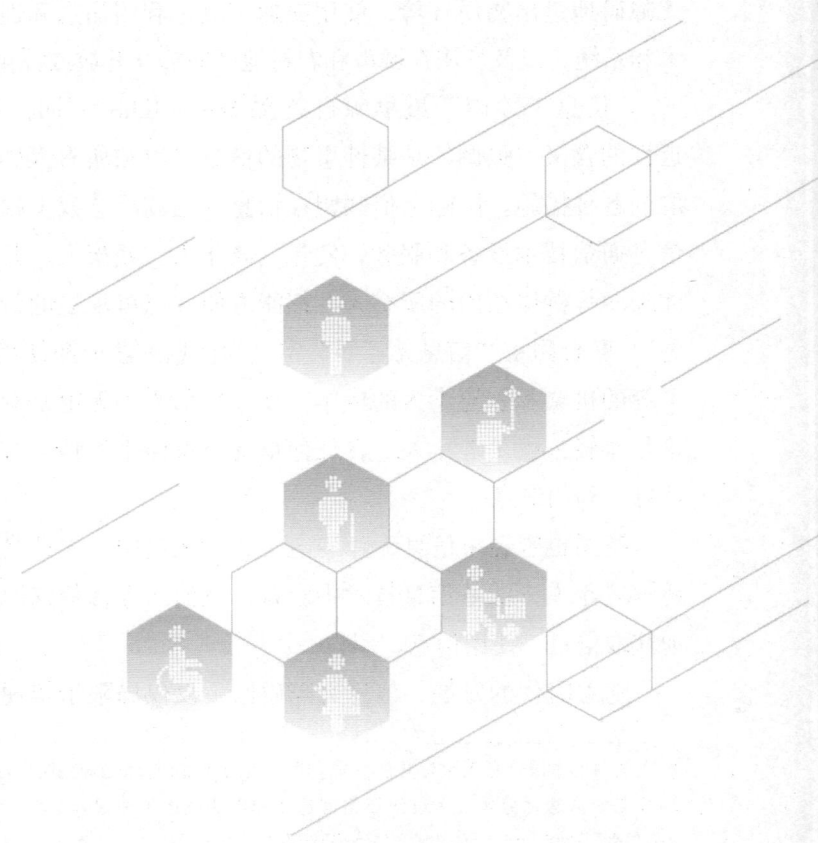

第一节　信息无障碍的定义及重点受益群体

一、信息无障碍的定义

"信息无障碍"是"无障碍"必不可少的组成部分。联合国《残疾人权利公约》提出，"无障碍"是指为了使残疾人能够独立生活和充分参与生活的各个方面，缔约国应当采取适当措施，确保残疾人在与其他人平等的基础上，无障碍地进出物质环境，使用交通工具，利用信息和通信，包括信息通信技术和系统，以及享用在城市和农村地区向公众开放或提供的其他设施和服务。

"信息无障碍"最早源自英文 Accessibility 一词，具有可访问性、可接近性的含义，强调的是某件事物的信息可以被所有人感知、获取与使用而采取的各种措施。国际电信联盟在信息社会高峰会议上提出"鼓励设计和推出信息通信技术设备和服务，使包括老年人、残疾人、儿童和其他处境不利群体和弱势群体在内的所有人，都能方便并以可承受的价格使用这些设备和服务"。联合国将"信息无障碍"定义为信息的获取和使用应对不同的人群应有平等的机会和差异不大的成本，使"任何人（无论是健全人还是残疾人，无论是年轻人还是老年人）在任何情况下都能平等地、方便地、无障碍地获取信息、利用信息"[1]。

我国也曾经将信息无障碍定义为"无论健全人还是残疾人、无论年轻人还是老年人都能从信息技术中获益，任何人在任何情况下都能平等地、方便地获取信息、使用信息。"[2]

随着时代的发展，信息无障碍已不仅仅局限于实现平等地获取信息与使

---

[1] 人民网《中国信息无障碍发展报告》http://wza.people.com.cn/wza2013/article.php?tid=6&aid=544。

[2] 工业和信息化部《关于组织征集信息无障碍实践案例的通知》http://www.miit.gov.cn/n1146285/n1146352/n3054355/n3057674/n3057678/c6244860/content.html。

用信息层面。"互联网+"时代到来，物联网、大数据、人工智能等新一代信息技术以及其催生的新商业模式、新业态不断涌现，信息技术与无障碍环境建设的融合不断加深。过去许多残疾人、老年人等群体在工作生活中无法逾越的障碍，都在信息技术的不断发展创新中得到弥补、消除。互联网信息服务为残疾人，尤其是出行障碍较大的肢残人士，享受社交娱乐、网络购物、医疗健康等服务提供了便利；"互联网+辅助器具"缩短适配服务流程，实现需求申请、康复服务流程的数字化管理，让残疾人少跑路；电子商务、直播带货模式为残疾人居家就业开辟了更加广阔的渠道等。因而，信息无障碍的概念与内涵也应顺应时代发展不断演进，新时代的信息无障碍概念更要包括如何利用信息技术不断改造、改善，提升人们的生活工作环境，让全社会所有人都能享受到社会经济发展的红利。

基于对现有信息无障碍概念与信息时代发展特征的分析，本书将"信息无障碍"一词中的"信息"外延至"信息服务""信息技术"，对信息无障碍给出如下新定义：信息无障碍是指通过信息化手段弥补身体机能、所处环境等存在的差异，使任何人（无论是健全人还是残疾人，无论是年轻人还是老年人）都能平等、方便、安全地获取、交互、使用信息。信息无障碍概念包含两个层面：一是消除"数字鸿沟"，实现"信息平等"，让无论是残疾人、老年人还是健全人都能在正常情况下方便地获取信息和使用信息；二是通过"信息技术"赋能社会群体，利用信息化的手段弥补、解决社会群体尤其是残疾人和老年人等群体在生活中遇到的各种障碍问题。

二、信息无障碍的重点受益群体

广义的信息无障碍并非为特定某个群体服务，而是要实现所有人的信息平等，保障全体人民的获取信息、使用信息的权利。国际社会上，越来越多的国家也主张使用通用设计的理念来代替原有的无障碍理念。但在信息无障碍建设的实践过程中，一些特定人群由于身体条件、环境等方面的限制，与一般健全人相比，存在着较大的信息障碍。因而，在当前形势下，信息无障碍建设工作还主要围绕着解决特定人群的信息障碍而展开，本书将这类人群界定为信息无障碍建设的重点受益群体。根据存在的障碍原因，具体可分为以下几类重点群体：

残疾人：我国对残疾人的分类主要包括视力障碍、听力障碍、肢体障碍、认知障碍、精神障碍、多重障碍，他们由于身体机能的缺失，部分感觉器官的客观缺陷，在信息获取与使用的过程中存在着感知渠道受限、操作困难、信息的处理能力较低、处理速度缓慢等问题。

老年人：老年人遇到的障碍与残疾人有部分相似。随着年龄增长导致身体机能衰退，他们同样会遇到视听和行动困难的障碍。不同之处是面临认知障碍的仅仅是部分残疾人，而老年人会随着年龄的增长，认知水平普遍会越来越低。因此老年人群体会面临信息技能相对较低，对手机、电脑等数字化产品的学习使用能力不强，对信息真实性的辨识能力较弱等问题。

偏远地区居民：常年居住在基础设施条件较弱的偏远山区、农村地区的群体，由于网络基础设施、教育资源等限制，在获取与使用信息的过程中往往存在基础条件与技术操作障碍。

文化差异人群：不同语言、文化、教育水平差异而导致的在信息交流过程中存在障碍的群体。

从我国目前情况来看，残疾人和老年人是获取和使用信息最为困难的人群，是信息无障碍建设工作所应关注的重中之重。如何让残疾人、老年人能和健全人、年轻人一样能使用、会使用、使用好互联网等现代信息技术，提升他们的生活质量，是当前信息无障碍工作的重心。

第二节　信息无障碍定义的基础

一、数字鸿沟

（一）国际社会对数字鸿沟的定义

数字鸿沟（Digital Divide）又被称为信息鸿沟，较早由美国国家远程通信和信息管理局（NTIA）在1999年《在网络中落伍：定义数字鸿沟》报告中提出，随后又在美国政府《填平数字鸿沟》报告中正式出现。即信息富有者与信息贫困者之间的差距，是指在不同国家、地区、行业、企业、社会群体之间，由于对信息、网络技术的应用程度以及创新能力的差异而造成的信息贫富两极分化。联合国从国家间差距的角度，将数字鸿沟定义为由于信息和通信技术的全球发展和应用，造成或拉大的国与国之间以及国家内部群体之间的差距。从世界范围看，其表现为由于发达国家经济和信息化发展水平与发展中国家之间差异带来的信息不对称。在同一国家内部，也存在着数字鸿沟，通常表现为阶层、种族、行业、年龄、性别间的差异。

在信息资源已经成为国家经济实力和国际竞争力的核心战略资源的今天，国家或地区之间由于互联网基础设施建设和操作技术普及水平差异，造成信息资源获取能力的巨大差距，进而影响弱势国家的经济实力与国际竞争力。不同人群之间因为收入、受教育水平、所处地域及种族等方面的差异而造成对网络技术掌握和运用的差异，进而导致了不同群体在社会中面临的机遇、待遇不等，出现信息落差、知识分隔和贫富分化等问题。数字鸿沟已不只是国家间或国家内部在信息基础设施、数字技术的使用、电子化服务方面差别的问题，它牵扯到整个社会的贫富差距、信息资源多寡和资金、文化、就业、生活质量等问题，牵扯到国家或地区科技参与能力的强弱、经济的增长方式等更深层次方面的社会问题。必须认真审视数字鸿沟将会导致的严重社会后果，把它作为一项巨大的系统工程，一个严峻的社会问题来考察。

（二）我国消除数字鸿沟的若干对策

我国多年来一直对消除国内数字鸿沟给予高度重视。21世纪初，《国民经济和社会发展第十个五年计划纲要》提出："以信息化带动工业化，发挥后发优势，实现社会生产力的跨越式发展。要按照应用主导、面向市场、网络共建、资源共享、技术创新、竞争开放的发展思路，努力实现我国信息产业的跨越式发展，加速推进信息化，提高信息产业在国民经济中的比重。"党的十八大报告开始提出"四化同步"的发展思想，要"推动信息化和工业化深度融合、工业化和城镇化良性互动、城镇化和农业现代化相互协调，促进工业化、信息化、城镇化、农业现代化同步发展"。党的十八届五中全会通过的"'十三五'规划建议"，明确提出实施网络强国战略以及与之密切相关的"互联网+"行动，把加快构建高速、移动、安全、泛在的新一代信息基础设施作为拓展基础设施建设空间的重要内容。2018 年 4 月，在全国网络安全和信息化工作会议上，习近平总书记深入阐述了网络强国战略思想，系统明确了一系列方向性、全局性、根本性、战略性问题，对当前和今后一个时期网信工作作出重要战略部署。习近平总书记始终强调："核心技术是国之重器"，"要紧紧牵住核心技术自主创新这个'牛鼻子'，抓紧突破网络发展的前沿技术和具有国际竞争力的关键核心技术"。

我国开展的电信普遍服务工作是弥合区域间"数字鸿沟"的集中体现。《中华人民共和国电信条例》（2000 年）第 44 条明确规定："电信业务经营者必须按照国家有关规定履行相应的电信普遍服务义务。"20 世纪 90 年代开始，我国的基础电信运营商在政府的引导下开展"村村通"工程，致力于解决农村地区的电话通信服务缺失问题。2015 年起，工业和信息化部牵头开展电信普遍服务补偿试点工作，着力弥合城乡间网络基础设施的差距。关于电信普遍服务工作将在下文中进一步阐述。

二、信息平等与信息公平

（一）信息平等的定义

信息平等（Information Equality）是信息资源在获取权利和机会上表现出的一种平等关系。侧重于信息主体之间在资源或分配结果上的均等无差别状态。追求信息平等的过程实际上是一种信息利益分配格局的大调整，其结果也就是信息利益分配的合理化。信息平等也就是在信息社会中打破某些人或集团对信息资源的恶意垄断，为每一个信息主体提供平等享有信息的机会，在信息活动中提倡人人平等的信息制度是实现信息平等的主要途径[①]。

（二）信息公平的定义

信息公平（Information Equity）指的是不同种族、民族、性别、年龄、职业、阶层等的社会主体，在信息资源的获取、分配、利用过程中都具有平等的地位。其是人类平等理想在信息活动领域的体现，是在一定的历史时期和社会环境中，人们对信息资源分配和获取过程中所体现的相对平衡与对等的状态。信息公平的内涵主要包括信息资源分配的平等、信息获取权利的平

[①] 陆俊、陈能华：《信息公平与信息平等研究综述》，《图书情报工作》2010 年 54（08）期，第 33-36 页。

等、信息能力的平等三个方面。信息资源分配的平等指无论是发达地区还是贫困地区，都分配有同等的信息资源，无论是信息能力强者还是弱者，在信息服务过程中都应有平等的服务。信息获取权利的平等指人人都有平等的机会和权利去获取社会上所有的信息资源和信息服务，而不因他们的性别、年龄、民族、社会地位、受教育程度等因素被区别对待。信息能力的平等指每个人都能有平等的能力去查找和利用信息，信息能力弱者也可以利用高科技来获取自己所需信息。

（三）信息平等与信息公平的关系

信息平等和信息公平是密不可分、辩证统一的。信息权利的平等可看作实现信息公平的前提和基础，信息能力的平等是信息公平的关键。信息平等应该是实现信息公平的一个基本原则，同时也是实现信息公平后的具体表现。即只有先保证社会主体公平获取和利用信息的权利，并辅之以有效的制度安排，才能促进信息资源分配的平等。

三、电信普遍服务

（一）国际组织对电信普遍服务的定义

电信普遍服务（Telecommunication Universal Service）是国家为了保障全体公民的基本通信需求，消除通信条件的人口与地区差异，促进地区经济与社会发展所采取的一项措施。国际组织对电信普遍服务内容界定普遍从可获得（Availability）、可负担（Affordability）、可接入（Accessibility）三维度出发，虽然在具体表述上略有差异，但其内涵基本一致，即让所有人在任何地方都能以可承担的价格享受电信服务。

经济合作与发展组织（OECD）将电信普遍服务定义为任何人在任何地点都能以承担得起的价格享受电信业务，而且业务质量和资费标准一视同仁。对于电信普遍服务的范围与目标，OECD从可获得、可负担、可接入三个方面予以阐述：可获得性，指的是个人无论居住与生活场所的地理位置因素，均可获得价格合理的电信服务。可负担性，指的是使用电信服务不会给消费者带来不合理的经济负担，特别是针对弱势群体消费者。可接入性，指的是身体或精神残疾的用户可以使用电信服务，服务提供方不能出于身体条件而将残疾人排除在电信服务之外。

国际电信联盟（ITU）对电信普遍服务的定义与 OECD 基本一致，并突出电信服务的非歧视性。其认为电信普遍服务指的是确保电信服务可以以合理的价格提供给最广大的人群。而对普遍服务内涵的阐述，ITU 也从可获得、可负担、可接入三个方面予以阐述：可获得性，指的是对于无论个人生活与居住场所，获得的电信服务质量应是一样的，即地理因素上的非歧视性。可负担性，指的是对于所有用户，价格因素不应成为限制服务接入的因素，即价格上的非歧视性。可接入性，指的是在价格、服务、质量方面，应采用非歧视的原则对所有用户提供服务，无论用户的种族、性别、宗教信仰、身体状况等如何，即服务人群上的非歧视性。

（二）典型国家对电信普遍服务的内容界定

"普遍服务"这一术语最早由美国 AT&T 总裁威尔先生在 1907 年年度报告中提出，指对任何人都要提供无地域、质量、资费歧视且能够负担得起的电信业务。1934 年，美国首先将这一政策纳入法律条文。在 1996 年的《电信法》中明确规定："电信经营者要以充足的设施和合理的资费，尽可能地为合众国的所有国民提供迅速而高效的有线和无线通信业务。"联邦通信委员会还根据《电信法》相关条款，将电信普遍服务扩大到了残疾人的网络接入范围。接入范围的扩大，一方面，对电信制造商和运营商提出了新的要求；另一方面，要求经营者承担普遍服务义务，向专门为听力和有语言障碍的人提供电话服务的基金交纳费用。

法国强调电信服务的可支付性。法国 1996 年《电信法》将电信普遍服务界定为在整个领土范围内以用得起的价格提供高质量的电信服务，包括传送话音呼叫业务、以纸质材料和电子出版物形式提供信息和查号辅助业务、公共电话业务、紧急呼叫业务等。

澳大利亚强调平等的电信服务质量。澳大利亚通信管理局对电信普遍服务的定义是确保每个澳大利亚居民都能在相同的条件下接入标准的电话服务、付费电话和转接服务。电信普遍服务被看作政府对公民应尽的义务。

印度强调电信普遍服务是向人口低密度地区提供电信服务。印度 1999 年国家电信政策将向人口低密度地区，包括农村和偏远地区、山区和部落地区等提供电信服务作为普遍服务义务的主要目标之一。

（三）我国电信普遍服务的内容界定

我国早期的电信普遍服务主要目标是为了使农村地区特别是贫困地区通电话。工业和信息化部（原信息产业部）2004年1月下发了《关于在部分省区开展村通工程试点工作的通知》，同时出台了《农村通信普遍服务——村通工程实施方案》，并根据邮电通信"十五"规划，提出到2005年底，在全国至少有95%的行政村开通电话。

随着互联网时代的到来，目前的电信普遍服务以支持农村地区、偏远山区、贫困地区、边疆、海岛等基础条件欠缺地区的宽带网络与移动互联网基础设施建设为主要目标。2015年12月，财政部、工业和信息化部联合发布《关于开展电信普遍服务试点工作的通知》，提出按照"中央资金引导、地方协调支持、企业为主推进"的思路，开展电信普遍服务试点工作，推动农村及偏远地区宽带建设发展，促进城乡基本公共服务均等化，带动农村经济社会和信息化水平不断提升，助力实现2020年98%的行政村通宽带、农村宽带接入能力超过12Mbps等"宽带中国"战略目标。2016年至今，工业和信息化部均开展了多次电信普遍服务试点工作。2019年3月工业和信息化部办公厅、财政部办公厅发布的《2019年度电信普遍服务试点申报指南》中，任务目标提出加快偏远和边疆地区4G网络覆盖，到2020年实现全国行政村4G网络覆盖率超过98%。2019年支持建设4G基站约2万个。

我国电信普遍服务的对象主要聚焦于提升农村地区、贫困地区的电信基础设施建设水平及服务质量，解决的是"可获得性"与"可负担性"问题，而对电信服务"可接入性"的关注较少，目前的工作内容尚不包括解决残疾人、老年人等群体的电信服务获取的问题。

四、信息技术

（一）信息技术的定义

广义的信息技术（Information Technology）指的是用于管理和处理信息所采用的各种技术的总称。凡是能扩展人的信息器官功能，提升个人获取信息、理解信息和利用信息的所有技术都可称为信息技术。狭义的信息技术则主要指计算机科学和通信技术。信息技术的应用包括计算机硬件和软件、网络和通信技术、应用软件开发工具等。

（二）信息技术赋能社会群体

"赋能"（Empowerment）的含义是给予对象以某种能力和能量。信息无障碍的内涵中，以信息技术赋能社会群体指的则是综合利用各类信息技术，通过信息化的手段为人们在生活工作中遇到的各类障碍和问题提供新的解决方案与服务。例如，残疾人群体由于身体条件，与健全人相比外出就业存在较大困难。而通过互联网技术，采用互联网电商模式，可为残疾人居家就业创造更加良好的条件。信息技术赋能社会群体不局限于互联网技术的应用。随着大数据、人工智能、物联网、云计算等新一代信息技术的发展，信息技术与实体经济和物质环境高度融合，教育、医疗、交通、公共服务等各领域的信息化应用水平不断提升，社会群体享受到的各类信息化服务能更加深入、更加健全、更加便利。这便是信息技术赋能的充分体现。

第三节　信息无障碍的重要意义

信息无障碍建设作为一项民生工程，是国家社会人文关怀精神要求，是全面信息化社会的建设内容，是实现行业全面协调可持续发展的必要途径，也是缩小数字鸿沟、建立公平信息社会、弘扬人道主义精神、保障人民合法权益、享受现代文明生活的内在要求。无论从社会效益还是经济效益来讲，信息无障碍建设事业都具有非常重大的意义和价值。

一、信息无障碍是全面建设信息社会的必然要求

我国已经进入互联网时代，网民规模、互联网普及率迅速提升。互联网已经越来越深入老百姓社会生活的各个层面。从信息社会发展速度角度，我国在"跑得快"层面发展强劲，但如何让信息技术发展惠及全体人民，实现"跑得齐"的问题，还未得到完全解决。残疾人、老年人、偏远地区的人们面临着信息障碍问题，难以享受技术进步带来的便利。2020 年 4 月，CNNIC 发

布第 45 次《中国互联网络发展状况统计报告》，截至 2019 年，我国手机网民规模达 8.96 亿，网民中使用手机上网比例达到 99.3%。但我国还有 4.96 亿的非网民，使用技能缺乏和文化程度限制是他们不上网的主要原因。不懂电脑 / 网络技能和文化程度限制导致不上网的占比分别为 51.6% 和 19.5%。

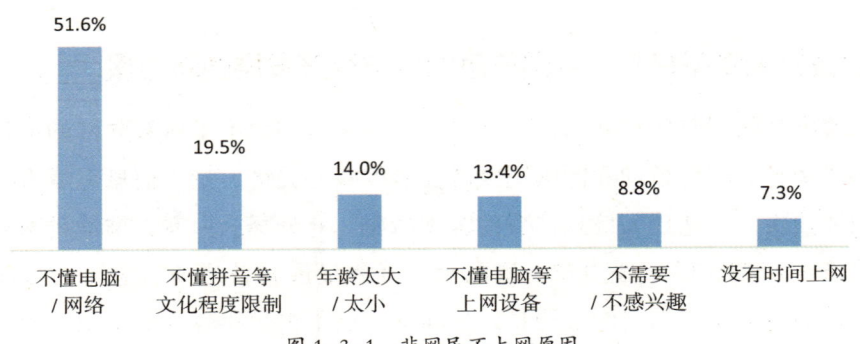

图 1-3-1 非网民不上网原因

在我国互联网快速发展，越来越多人享受着数字红利的同时，如果忽视了庞大的信息障碍群体，他们就会在信息社会中被边缘化，甚至被抛弃。只有凭借不断提升全社会信息无障碍建设意识，利用信息技术突破信息壁垒，才有可能改善这些群体的生存状态，缩小"数字鸿沟"，让残疾人、老年人、教育程度较低的人等社会特殊群体共享社会发展的成果，享受信息化发展的数字红利，平等地参与到社会活动中。

二、信息无障碍是补齐民生短板的重要内容

残疾人、老年人、偏远地区居民、文化水平差异群体是信息无障碍建设的重点面向人群。除此之外，即使是健全人，随着年龄、环境的改变，身体有一部分机能也会发生变化，导致信息障碍的产生。信息障碍不仅对个人的发展产生巨大的阻碍，对整个和谐社会的构建也是极为不利的。据《中国残疾人事业研究报告（2018）》蓝皮书和中国残联等机构数据显示，我国现在残障群体人数已经超过 8500 万，占全国总人口的 6.09%，涉及全国 1/5 家庭，关联到 2.6 亿家庭人口。其中，视障群体人数已达 1700 万，听障人群超过 2400 万。根据第七次全国人口普查数据，我国老龄化问题日趋严重，2020 年大陆地区 60 岁及以上的老年人口总量为 2.64 亿人，已占到总人口的 18.7%；

初中及以下受教育程度人口占比达到 69.4%，文盲率为 2.67%。可以看出，我国信息无障碍建设人口数量庞大，受环境、自身条件限制，他们在信息获取、信息使用上存在许多障碍。开展信息无障碍工作，是补齐我国民生短板的重要举措，深刻体现了党和国家对残疾人、老年人等群体的关怀，体现了党和国家为人民谋幸福的根本宗旨。

三、信息无障碍是拉动我国信息消费与经济发展的新力量

随着互联网时代的到来，人们生活工作学习都免不了对互联网的依赖，数字经济日益成为带动我国国民经济发展的核心关键力量。信息无障碍建设是扫清残疾人、老年人信息消费的客观障碍，充分释放内需，推动我国数字经济进一步增长的重要力量。我国银发经济发展日益增速，老年人日益成为日常消费的主力军，网上购物、移动支付已不再是年轻人的专属。预计到 2050 年，我国老年人口的消费规模预计将增长到 106 万亿左右，占 GDP 比例将增长至 33%，养老产业规模或将达到 2 万亿元。开展信息无障碍建设，不仅能为老年人、残疾人等群体参与信息消费拓展新途径，其催生的新产品和新业态也能为我国数字经济的高质量增长以及国民经济的健康发展注入新的活力。

四、信息无障碍是保障就业与巩固脱贫成效的有效手段

对于大多数残疾人，不能使用信息化工具和互联网参与社会生活，是造成失业与贫困问题的重要因素。一方面，残疾人就业仍然十分困难。截至 2018 年底，我国符合就业年龄段（男性 16—59 岁，女性 16—54 岁）的持证残疾人有 1694.8 万人，仅 948.4 万人就业，就业率为 56%[1]。开展信息无障碍建设，研发推广信息无障碍软硬件产品，开展互联网网站和应用的无障碍改造与优化，可以为残疾人接受教育，提高职业技能创造更多机会，提高其创业就业的能力。同时，具有信息无障碍功能的产品的不断丰富，也将使残疾人群体能无障碍地和健全人一样从事各类工作，在各行各业中贡献自己的力量，甚至做到足不出户，通过远程办公、电子商务实现居家就业，从而在经

---

[1] 中国新闻网 http://www.chinanews.com/sh/2019/08-02/8915152.shtml。

济收入方面缩小与社会的平均差距，助力巩固脱贫攻坚成果。

五、信息无障碍是应对突发公共事件的迫切需求

2020 年初暴发的新冠病毒引起的肺炎疫情，让人们更加意识到互联网等现代信息技术与信息服务的重要性。在我国全民集体抗击疫情的行动中，信息技术在人群监测、疫情宣传、线上购买生活物资等疫情防控措施中发挥了巨大的作用。但是我国还有老年人、残疾人、偏远地区居民等 4 亿左右的庞大群体，尤其是独居、空巢、留守、失能及患有多种慢性疾病的老年人、残疾人，更是疫情的易感、易重人群。由于互联网信息无障碍建设的滞后，老年人、残疾人在获取疫情防控信息时存在滞后性和片面性；在居家隔离生活时线上购买疫情防护用品、生活必需品等存在困难；在身体不适需要去医院时缺少必要的防护措施。新冠肺炎疫情这类突发公共事件，更加反映了我国推进信息无障碍工作开展的迫切性。加快信息无障碍建设，不仅是满足信息平等权利的需要，更是应对突发公共事件，保障人民群众生命安全的迫切需求。

第二章

我国信息无障碍发展历程

第一节　信息无障碍的发展阶段

我国信息无障碍的概念在 2020 年工业和信息化部、中国残疾人联合会发布的《关于推进信息无障碍的指导意见》中正式提出。在此之前，信息无障碍的相关建设工作已经开始，最早可追溯到无障碍环境建设中的信息交流无障碍建设。之后随着互联网等信息技术的发展，信息无障碍建设的内涵、范围逐步拓展，到目前为止信息无障碍的发展可分为以下五个阶段。

一、第一阶段：20 世纪 80 年代—21 世纪初

信息无障碍萌芽。20 世纪 80 年代，我国无障碍建设开始萌芽，[①]无障碍建设重点集中在基础设施的无障碍建设。这一阶段无障碍建设被写入相关法律法规，1990 年《中华人民共和国残疾人保障法》规定："国家和社会逐步实行方便残疾人的城市道路和建筑物设计规范，采取无障碍措施。"

二、第二阶段：21 世纪初—2008 年

信息无障碍建设起步。2000 年左右，随着互联网、电脑及个人手机等终端设备的普及，信息无障碍建设起步。该阶段信息无障碍重点解决的是传统信息交流方式中的障碍，例如推广通用盲文、数字读物等。中国残联、中国互联网协会等组织开始推进信息无障碍建设。2004 年，由中国残疾人福利基金会、中国互联网协会联合主办的"首届信息无障碍论坛"于北京隆重举行，拉开了我国信息无障碍事业发展的序幕。政府部门日益重视推进信息无障碍建设。2006 年，工业和信息化部（原信息产业部）首次制定并发布了《信息无障碍标准体系框架》，首次对信息无障碍的服务内容、服务人群进行

[①] 凌亢:《中国残疾人事业发展报告（2019）无障碍环境建设》，社会科学文献出版社 2019 年版。

了界定，这标志着我国信息无障碍在标准规范体系建设上的起步。

三、第三阶段：2008—2012 年

信息无障碍建设取得进展。该阶段信息无障碍建设的重点开始关注解决残疾人、老年人等群体在获取与利用互联网信息过程中遇到的各种障碍。2008 年，经过修订的《中华人民共和国残疾人保障法》正式颁布实施，其在第七章无障碍环境有关条文中，明确提出推进信息交流无障碍。国家和社会应当采取措施，逐步完善无障碍设施，推进信息交流无障碍，为残疾人平等参与社会生活创造无障碍环境。同年，工业和信息化部首部针对互联网公众服务的信息无障碍标准《信息无障碍 身体机能差异人群 网站设计无障碍技术要求》（YD/T 1761–2008）发布。该标准发布后，中国残联建立了国内第一个标准化的信息无障碍示范网站，并联合科技部、工业和信息化部推动开展了"北京 2008 奥运会、残奥会信息无障碍网站行动"，普及了互联网信息无障碍理念，标志着我国标准化无障碍网站建设进程加速。2009 年，科技部与中国残联共同启动"中国残疾人信息无障碍建设联合行动计划"，中国残疾人信息和无障碍技术研究中心揭牌成立，标志着我国残疾人事业科技和信息化建设发展的新开端。

四、第四阶段：2012—2020 年

信息无障碍建设稳步发展。2012 年，我国首部专门的无障碍法律法规，国务院《无障碍环境建设条例》颁布实施。《无障碍环境建设条例》弥补了我国专门的无障碍环境的规范性要求在立法方面的缺失，对包括信息无障碍在内的无障碍环境建设提出了明确要求。其中单独设置了"第三章 无障碍信息交流"章节，明确了政府网站、新闻出版机构、电信服务、公共服务等方面信息交流无障碍的规定。随着《无障碍环境建设条例》的颁布实施，国务院、中残联等部门也纷纷制定了相应的具体文件来推动信息无障碍相关内容的落实。2012 年是我国信息无障碍政策法规出台的高峰年，共颁布了 74 条与信息无障碍相关的规范性文件[①]。2012 年成为我国信息无障碍发展的重要拐点。

---

① 李东晓、熊梦琪：《新中国信息无障碍 70 年：理念、实践与变迁》，《浙江学刊》2019 年第 5 期。

2013 年，由中国互联网协会和中国残疾人福利基金会联合主办的"美丽中国——政务信息无障碍公益行动"正式启动。2016 年，我国第一部无障碍网站建设的专项政策发布。中国残联和中央网信办联合印发《关于加强网站无障碍服务能力建设的指导意见》。《意见》提出市级以上政府门户网站的无障碍服务能力建设要达到基本水平，有条件的县、区政府网站开展无障碍服务能力建设，积极引导各级各类公共企事业单位、新闻媒体、金融服务和电子商务等网站的无障碍服务能力达到基本水平。企业与社会团体的信息无障碍建设步伐也在这一阶段加快。以腾讯、阿里巴巴、百度为代表的大型网信企业，以华为、小米、OPPO 为代表的信息终端制造企业，以及各类垂直行业和互联网企业开始积极投入信息无障碍产品研发。具备信息无障碍功能的信息终端和移动互联网应用百花齐放。各类聚焦信息无障碍研究和建设工作的社会团体组织建立。

五、第五阶段：2020 年至今

信息无障碍建设快速发展。这一阶段，以工业和信息化部为主的政府部门开始积极推进信息无障碍顶层规划设计。2020 年，工业和信息化部、中国残疾人联合会联合发布《关于推进信息无障碍的指导意见》，对什么是信息无障碍做了明确的界定，提出聚焦老年人、残疾人、偏远地区居民、文化差异人群等重点受益群体，消除信息消费资费、终端设备、服务与应用领域三大障碍。

信息无障碍的建设重点不仅关注互联网等渠道的信息获取与使用问题，也开始关注使用信息技术消除社会群体尤其是残疾人、老年人等群体在生活中遇到的各种障碍问题。社会各界的交流活动增多，信息无障碍论坛、科技无障碍发展大会和全国无障碍环境建设成果应用推广大会等会议与展览等交流活动增多，进一步促进企业信息无障碍建设加快。信息无障碍的理论成果更加丰富，信息无障碍相关书籍、报告和案例集等理论成果不断涌现，信息无障碍发展的经验总结、交流及推广活动陆续展开。在传统"平等地、方便地和无障碍地获取信息与利用信息"这一层面的基础上，"信息"的范围延伸至"信息技术"与"信息服务"。利用信息技术，尤其是"大智物云"（大数据、人工智能、物联网、云计算）为代表的新一代技术服务社会群体，解决重点受益群体的生活工作中的障碍这一概念被赋予到信息无障碍的内涵中。

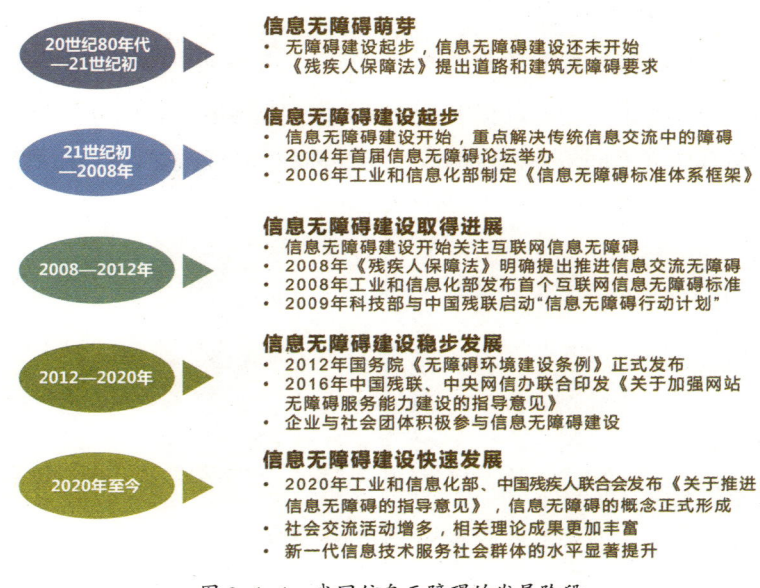

图 2-1-1　我国信息无障碍的发展阶段

第二节　信息无障碍相关政策的发展历程

一、信息无障碍相关政策概述

党的十八大以来，党中央和国务院坚持以人民为中心的发展思想，高度重视残疾人和老年人等障碍群体权益保障，重视保障和改善民生，作出建设无障碍环境的重要工作部署。信息无障碍是无障碍建设的重要组成部分，近年来，受到党中央国务院的高度重视，各部委纷纷制定政策文件，推进信息无障碍建设。我国最早的信息无障碍政策是 1953 年教育部发布并在全国推广的"中国盲文之父"黄乃的《新盲字方案》，此后的 70 年间，全国人大、国务院各部门以及中国残疾人联合会先后颁布了 300 多个涉及信息无障碍的规范性文件、600 多条相关规定 ①。

信息无障碍政策法规的颁布主体以国家行政部门和中国残疾人联合会为主导。在推进相关政策制定的过程中，全国人大、国务院以及国务院领导下的各组织都参与其中。不同主体出台的政策文件和数量分布如图 2-2-1 所示 ②。

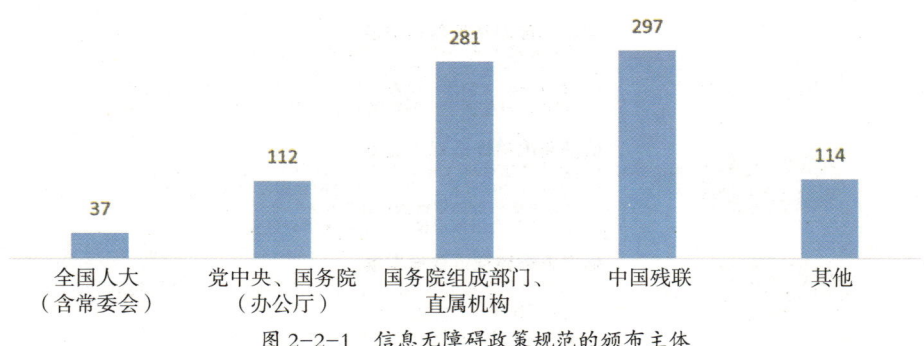

图 2-2-1　信息无障碍政策规范的颁布主体

从中央层面，国务院重点针对残疾人出台了一系列保障残障人士权利的政策法律，包括残疾人获取信息的权利保障、无障碍基础设施建设和政府网站无障碍优化的政策措施。早在 2008 年 2 月，中共中央、国务院便发布了《关于促进残疾人事业发展的意见》，提出网络、电子信息和通信产品要方便残疾人使用。2013 年 8 月，国务院发布《关于促进信息消费扩大内需的若干意见》，提出要提高面向残疾人的信息无障碍服务能力。2015 年 2 月，国务院印发《关于加快推进残疾人小康进程的意见》，提出要全面推进城乡无障碍环境建设。2016 年 7 月，中共中央办公厅、国务院办公厅印发《国家信息化发展战略纲要》，提出"加强政府网站信息无障碍建设，鼓励社会力量为残疾人提供个性化信息服务"。2016 年 8 月，国务院办公厅印发《"十三五"加快残疾人小康进程规划纲要》，提出实施信息无障碍促进项目。2016 年 9 月，国务院办公厅印发《国家残疾预防行动计划（2016—2020 年）》，提出加强信息无障碍建设，鼓励省（区、市）、市（地）电视台开设手语栏目，市（地）级以上政府网站无障碍服务能力建设达到基本水平。2017 年 3 月，国务院印发

---

① 李东晓、熊梦琪：《新中国信息无障碍 70 年：理念、实践与变迁》，《浙江学刊》2019 年第 5 期。

② 数据来源于李东晓、熊梦琪：《新中国信息无障碍 70 年：理念、实践与变迁》，《浙江学刊》2019 年第 5 期，并补充 2019 年 5 月至 2020 年 6 月颁发的信息无障碍相关政策文件（不包括地方信息无障碍政策）。

《"十三五"推进基本公共服务均等化规划的通知》，要求逐步开展互联网和移动互联网无障碍信息服务。2017年6月，国务院办公厅出台《关于印发政府网站发展指引的通知》，明确提出要根据用户群体特点和需求，提供多语言服务，围绕残疾人和老年人等特殊群体获取网站信息的需求，不断提升信息无障碍水平。2019年5月《数字乡村发展战略纲要》明确提出完善面向孤寡及留守老人、留守儿童、困境儿童和残障人士等特殊人群的信息服务体系。

各部委层面，中国残联、工业和信息化部、中央网信办、文化部、住房城乡建设部和国家新闻出版广电总局等均出台了有关信息无障碍的相关政策。工业和信息化部重点构建无障碍的网络与通信，文化部主要构建无障碍文化资源与图书馆环境，住房城乡建设部强调在无障碍环境建设中开展信息交流无障碍建设。2013年9月，工业和信息化部发布《信息化发展规划》，提出要提高面向残疾人的信息无障碍服务能力。2016年3月，为消除"数字鸿沟"、体现"信息平等"，使互联网更好地惠及民生，促进残疾人等社会群体充分参与社会生活，共享社会物质文化成果，中国残联和国家互联网信息办公室联合印发了《关于加强网站无障碍服务能力建设的指导意见》，就进一步做好网站无障碍服务能力建设工作进行了部署。2017年，文化部发

信息无障碍相关政策数量增加	• 2008年《关于促进残疾人事业发展的意见》 • 2011年《无障碍建设"十二五"实施方案》 • 2013年《关于促进信息消费扩大内需的若干意见》 • 2015年《关于印发推进普惠金融发展规划（2016—2020年）的通知》 • 2015年《关于加强村镇无障碍环境建设的指导意见》 • 2016年《国家信息化发展战略纲要》
信息无障碍覆盖的范围拓宽	• 2016年《"十三五"国家信息化规划》 • 2016年《"十三五"加快残疾人小康进程规划纲要》 • 2016年《关于加强网站无障碍服务能力建设的指导意见》 • 2016年《无障碍环境建设"十三五"实施方案》 • 2017年《关于视力、听力、言语残疾人特定信息消费支持政策的指导意见》
专门的信息无障碍政策不断涌现	• 2018年《关于深入推进审批服务便民化的指导意见》 • 2018年《关于开展无障碍环境市县村镇创建工作的通知》 • 2019年《数字乡村发展战略纲要》 • 2019年《关于开展第三批智慧健康养老应用试点示范的通知》 • 2020年《关于推进信息无障碍的指导意见》

图 2-2-2 信息无障碍政策发展脉络图

布《"十三五"时期公共数字文化建设规划》和《中华人民共和国公共图书馆法》，提出要进一步完善公共图书馆残障人士数字化服务内容和保障措施。2017年12月，中国残联与工业和信息化部发布《关于视力、听力、言语残疾人特定信息消费支持政策的指导意见》，提出针对特定残疾人的电信服务资费优惠措施。2018年11月，住房城乡建设部等部门发布《住房城乡建设部等部门关于开展无障碍环境市县村镇创建工作的通知》，将信息交流无障碍作为创建无障碍环境的一部分。2020年，工业和信息化部、中国残疾人联合会发布《关于推进信息无障碍的指导意见》，是我国首个专门的信息无障碍顶层设计文件。

二、信息无障碍相关政策

（一）法律法规

1. 无障碍环境建设条例

第三章　无障碍信息交流

第十八条　县级以上人民政府应当将无障碍信息交流建设纳入信息化建设规划，并采取措施推进信息交流无障碍建设。

第十九条　县级以上人民政府及其有关部门发布重要政府信息和与残疾人相关的信息，应当创造条件为残疾人提供语音和文字提示等信息交流服务。

第二十四条　公共服务机构和公共场所应当创造条件为残疾人提供语音和文字提示、手语与盲文等信息交流服务，并对工作人员进行无障碍服务技能培训。

第二十五条　举办听力残疾人集中参加的公共活动，举办单位应当提供字幕或者手语服务。

第二十六条　电信业务经营者提供电信服务，应当创造条件为有需求的听力和言语残疾人提供文字信息服务，为有需求的视力残疾人提供语音信息服务。

电信终端设备制造者应当提供能够与无障碍信息交流服务相衔接的技术和产品。

2. 中华人民共和国公共图书馆法

第三十四条　政府设立的公共图书馆应当设置少年儿童阅览区域。根据少年儿童的特点配备相应的专业人员，开展面向少年儿童的阅读指导和社会教育活动，并为学校开展有关课外活动提供支持。有条件的地区可以单独设立少年儿童图书馆。

政府设立的公共图书馆应当考虑老年人、残疾人等群体的特点，积极创造条件，提供适合其需要的文献信息、无障碍设施设备和服务等。

3. 中华人民共和国公共文化服务保障法

第九条　各级人民政府应当根据未成年人、老年人、残疾人和流动人口等群体的特点与需求，提供相应的公共文化服务。

第十七条　公共文化设施的设计和建设，应当符合实用、安全、科学、美观、环保、节约的要求和国家规定的标准，并配置无障碍设施设备。

4. 中华人民共和国老年人权益保障法

第六十四条　国家制定无障碍设施工程建设标准。新建、改建和扩建道路、公共交通设施、建筑物、居住区等，应当符合国家无障碍设施工程建设标准。

各级人民政府和有关部门应当按照国家无障碍设施工程建设标准，优先推进与老年人日常生活密切相关的公共服务设施的改造。

无障碍设施的所有人和管理人应当保障无障碍设施正常使用。

第六十五条　国家推动老年宜居社区建设，引导、支持老年宜居住宅的开发，推动和扶持老年人家庭无障碍设施的改造，为老年人创造无障碍居住环境。

5. 中华人民共和国残疾人保障法

第四十三条　政府和社会采取下列措施，丰富残疾人的精神文化生活：

（一）通过广播、电影、电视、报刊、图书、网络等形式，及时宣传报道残疾人的工作、生活等情况，为残疾人服务；

（二）组织和扶持盲文读物、盲人有声读物及其他残疾人读物的编写和出版，根据盲人的实际需要，在公共图书馆设立盲文读物、盲人有声读物图书室；

（三）开办电视手语节目，开办残疾人专题广播栏目，推进电视栏目、影视作品加配字幕、解说；

第五十二条　国家和社会应当采取措施，逐步完善无障碍设施，推进信息交流无障碍，为残疾人平等参与社会生活创造无障碍环境。

第五十三条　无障碍设施的建设和改造，应当符合残疾人的实际需要。

新建、改建和扩建建筑物、道路、交通设施等，应当符合国家有关无障碍设施工程建设标准。

各级人民政府和有关部门应当按照国家无障碍设施工程建设规定，逐步推进已建成设施的改造，优先推进与残疾人日常工作、生活密切相关的公共服务设施的改造。

对无障碍设施应当及时维修和保护。

国家举办的各类升学考试、职业资格考试和任职考试，有盲人参加的，应当为盲人提供盲文试卷、电子试卷或者由专门的工作人员予以协助。

第五十四条　国家采取措施，为残疾人信息交流无障碍创造条件。

各级人民政府和有关部门应当采取措施，为残疾人获取公共信息提供便利。

国家和社会研制、开发适合残疾人使用的信息交流技术和产品。

第五十五条　公共服务机构和公共场所应当创造条件，为残疾人提供语音和文字提示、手语、盲文等信息交流服务，并提供优先服务和辅助性服务。

公共交通工具应当逐步达到无障碍设施的要求。有条件的公共停车场应当为残疾人设置专用停车位。

第五十六条　组织选举的部门应当为残疾人参加选举提供便利；有条件的，应当为盲人提供盲文选票。

第五十七条　国家鼓励和扶持无障碍辅助设备、无障碍交通工具的研制和开发。

表 2-2-1　信息无障碍相关法律法规清单

实施时间	文件名称
2018/1/1	中华人民共和国公共图书馆法
2017/3/1	中华人民共和国公共文化服务保障法
2013/7/1	中华人民共和国老年人权益保障法
2012/8/1	无障碍环境建设条例
2008/7/1	中华人民共和国残疾人保障法

（二）中央政策

1. 国家积极应对人口老龄化中长期规划

强化应对人口老龄化的科技创新能力。深入实施创新驱动发展战略，把技术创新作为积极应对人口老龄化的第一动力和战略支撑，全面提升国民经济产业体系智能化水平。提高老年服务科技化、信息化水平，加大老年健康科技支撑力度，加强老年辅助技术研发和应用。

2. 关于加快推进公共法律服务体系建设的意见

保障特殊群体的基本公共法律服务权益。将低收入群体、残疾人、农民工、老年人、青少年、单亲困难母亲等特殊群体和军人军属、退役军人及其他优抚对象作为公共法律服务的重点对象。进一步放宽经济困难标准，使法律援助覆盖人群逐步拓展至低收入群体。推进公共法律服务场所无障碍环境建设。

3. 数字乡村发展战略纲要

大幅提升乡村网络设施水平。加强基础设施共建共享，加快农村宽带通信网、移动互联网、数字电视网和下一代互联网发展。持续实施电信普遍服务补偿试点工作，支持农村地区宽带网络发展。

完善民生保障信息服务。完善面向孤寡和留守老人、留守儿童、困境儿童和残障人士等特殊人群的信息服务体系。

4. 乡村振兴战略规划（2018—2022 年）

深化电信普遍服务，加快农村地区宽带网络和第四代移动通信网络覆盖步伐。实施新一代信息基础设施建设工程。积极发展"互联网＋教育"，推进乡村学校信息化基础设施建设，优化数字教育资源公共服务体系。

5. 关于深入推进审批服务便民化的指导意见

创新便民利企审批服务方式。针对交通不便、居住分散和留守老人多等农村地区实际，积极开展代缴代办代理等便民服务，在村庄普遍建立网上服务站点，加快完善乡村便民服务体系。

6. 国务院关于进一步扩大和升级信息消费持续释放内需潜力的指导意见

到 2020 年，信息消费规模预计达到 6 万亿元，年均增长 11% 以上；信息技术在消费领域的带动作用显著增强，信息产品边界深度拓展，信息服务能力明显提升，拉动相关领域产出达到 15 万亿元，信息消费惠及广大人民群众。

提高农村地区信息接入能力。深化电信普遍服务试点，助力网络扶贫攻坚和农村信息化等工作，组织实施"百兆乡村"等示范工程，引导社会资本加大投入力度，重点支持中西部省份、贫困地区、革命老区和民族地区等农村及偏远地区宽带建设。

支持企业推广面向低收入人群的经济适用的智能手机和数字电视等信息终端设备，开发面向老年人的健康管理类智能可穿戴设备。推介适合农村及偏远地区的移动应用软件和移动智能终端。构建面向新型农业经营主体的生产和学习交流平台。推动民族语言软件研发，减少少数民族使用移动智能终端和获取信息服务的障碍。鼓励各地采用多种方式促进信息终端普及。

7. 国务院办公厅关于印发政府网站发展指引的通知

以用户为中心，打造个人和企业专属主页，提供个性化、便捷化和智能化服务，实现"千人千网"，为个人和企业"记录一生，管理一生，服务一生"。根据用户群体特点和需求，提供多语言服务。围绕残疾人和老年人等特殊群体获取网站信息的需求，不断提升信息无障碍水平。

8. 国家"十三五"时期文化发展改革规划纲要

创新公共文化服务运行机制。开发和提供适合老年人、未成年人、农民工、残疾人等群体的基本公共文化产品和服务。

9. "十三五"推进基本公共服务均等化规划

养老服务体系建设。推进无障碍通道、老年人专用服务设施和旧楼加建电梯建设，以及适老化路牌标识和适老化照明改造。积极开展养老护理人员培养培训。搭建养老信息服务网络平台，推广应用便携式体检和紧急呼叫监控等设备。

残疾人康复、教育、文体和无障碍服务。加强国家通用手语和通用盲文的规范与推广。推动公共文化体育场所设施免费或优惠向残疾人开放，为视力和听力残疾人等提供特需文化服务。加快推进公共场所和设施的无障碍改造。

无障碍环境支持。推进公共场所和设施无障碍改造；对贫困重度残疾人家庭继续开展无障碍改造；逐步开展互联网和移动互联网无障碍信息服务。

新闻出版。推动全民阅读，加强残疾人等特殊群体的基本阅读权益保障。扶持实体书店发展，加快推进实体书店或各类图书代销代购网点覆盖全国所有乡镇。

残疾人服务信息化。完善残疾人人口基础信息和基本服务需求信息数据管理系统。依托中国残疾人服务网，搭建残疾人就业创业网络服务平台。加快推进智能化残疾人证试点。鼓励支持服务残疾人的电子产品和移动应用软件等开发应用。

10. 国务院办公厅关于创新农村基础设施投融资体制机制的指导意见

推进农村地区宽带网络提速降费。加快农村宽带网络建设，引导基础电信企业公平竞争。指导和推动基础电信企业简化资费结构，切实提高农村宽带上网等业务的性价比，为农村贫困户提供更加优惠的资费方案，为发展"互联网+"提供有力支撑。（工业和信息化部牵头负责）

11. "十三五"促进民族地区和人口较少民族发展规划

加快重点基础设施建设。加强信息基础设施建设，推进宽带网络发展，全面推进三网融合，支持有条件的民族地区布局云计算数据中心，鼓励开展云计算、大数据和智能制造等试点示范工作，加快云计算数据通道建设。按照"一带一路"建设要求，完善对外开放信息通道布局。加强民族地区地面广播电视传输覆盖网络建设，推动广播电视村村通向户户通升级。

12. "十三五"国家信息化规划

增强特殊类型地区发展后劲。大力推进革命老区、民族地区、边疆地区和贫困地区的网络基础设施建设，为人民群众提供用得上、用得起、用得好的信息服务。发挥互联网在助推脱贫攻坚中的作用，以信息化推进精准扶贫和精准脱贫，培育特色优势产业，增强造血功能，促进人民生活明显改善。

构建面向特殊人群的信息服务体系。针对孤寡老人、留守儿童、困境儿童、残障人士、流动人口、受灾人员和失独家庭等特殊人群的实际需求，整合利用网络设施、移动终端、信息内容、系统平台和公共服务等，积极发展网络公益，统筹构建国家特殊人群信息服务体系，提供精准优质高效的公共服务。

13. "十三五"加快残疾人小康进程规划纲要

丰富残疾人文化体育生活。有条件的市（地）和县（市、区）公共图书馆设立盲人阅览室，配置盲文图书、有声读物、大字读物及阅读辅助设备。

开展残疾人文化周和残疾人阅读推广等群众性文化活动。扶持盲文读物、有声读物和残疾人题材图书和音像制品出版。继续建设中国残疾人数字图书馆和移动数字图书馆，通过建设中国盲人数字图书馆构建盲文数字出版和数字有声读物资源平台。

全面推进无障碍环境建设。贯彻落实《无障碍环境建设条例》，完善无障碍环境建设政策和标准，加强无障碍通用产品和技术的研发应用。

大力推进互联网和移动互联网信息服务无障碍，鼓励支持服务残疾人的电子产品和移动应用软件（APP）等开发应用。推进政府信息以无障碍方式发布，地市级以上政府新闻发布会逐步增加通用手语服务，公共服务机构、公共场所和公共交通工具为残疾人提供语音和文字提示、手语和盲文等信息交流无障碍服务。鼓励省（区、市）、市（地）电视台开设手语栏目，逐步推进影视剧和电视节目加配字幕。加快推进食品药品信息识别无障碍。

公共交通工具逐步配备无障碍设备，改进方便残疾人交通出行的服务举措。制定推广家居无障碍通用设计。大力推进互联网和移动互联网信息服务无障碍。

14. 国家信息化发展战略纲要

提高就业和社会保障信息化水平。推进就业、养老、医疗、工伤、失业、生育和保险等信息全国联网。建立就业创业信息服务体系，引导劳动力资源有序跨地区流动，促进充分就业。加快社会保障"一卡通"推广和升级，实行跨地区应用接入，实现社会保险关系跨地区转移接续和异地就医联网结算。加快政府网站信息无障碍建设，鼓励社会力量为残疾人提供个性化信息服务。

15. 国务院关于加快推进残疾人小康进程的意见

全面推进城乡无障碍环境建设。各地要按照无障碍设施工程建设相关标准和规范要求，对新建和改建设施的规划、设计、施工和验收严格监管，加快推进政府机关、学校、社区、社会福利、公共交通等公共场所和设施的无障碍改造，逐步推进农村地区无障碍环境建设。有条件的地方要对贫困残疾人家庭无障碍改造给予补贴。完善信息无障碍标准体系，逐步推进政务信息以无障碍方式发布，影像制品加配字幕，鼓励食品药品添加无障碍识别标识。鼓励电视台开办手语栏目，主要新闻栏目加配手语解说和字幕。研究制定聋人和盲人特定信息消费支持政策。

16. 推进普惠金融发展规划（2016—2020 年）

普惠金融是指立足机会平等要求和商业可持续原则，以可负担的成本为有金融服务需求的社会各阶层和群体提供适当和有效的金融服务。小微企业、农民、城镇低收入人群、贫困人群、残疾人和老年人等特殊群体是当前我国普惠金融重点服务对象。

开发适合残疾人特点的金融产品。加强对网上银行和手机银行的开发和推广，完善电子支付手段。引导有条件的银行业金融机构设立无障碍银行服务网点，完善电子服务渠道，为残疾人和老年人等特殊群体提供无障碍金融服务。

17. 关于创新机制扎实推进农村扶贫开发工作的意见

贫困村信息化工作。推进贫困地区建制村接通符合国家标准的互联网，努力消除"数字鸿沟"带来的差距。整合开放各类信息资源，为农民提供信息服务。每个村至少确定 1 名有文化、懂信息和能服务的信息员，加大培训力度，充分利用有关部门现有培训项目，着力提高其信息获取和服务能力。到 2015 年，连片特困地区已通电的建制村，互联网覆盖率达到 100%，基本解决连片特困地区内义务教育学校、普通高中和职业院校的宽带接入问题。到 2020 年，自然村基本实现通宽带。

18. 国务院关于促进信息消费扩大内需的若干意见

提升民生领域信息服务水平。加快实施"信息惠民"工程，提升公共服务均等普惠水平。推进优质教育信息资源共享，实施教育信息化"三通工程"，加快建设教育信息基础设施和教育资源公共服务平台。

19. 国家基本公共服务体系"十二五"规划

提高中小学教育信息化水平。全面实施素质教育，推进课程和教学方法改革，建立国家义务教育质量基本标准和监测制度，切实减轻中小学生课业负担。提高义务教育师资队伍能力水平，加强民族地区双语教师队伍建设。

公益性文化。继续实施文化惠民工程，以农村基层和中西部地区为重点，加快公共文化基础设施建设。推进建立公共电子阅览室和未成年人公益性上网场所。促进城乡基层公共文化服务资源的共建共享。逐步实现公共文化场馆向全社会免费开放。

"十二五"时期，政府提供如下残疾人基本公共服务：为适龄残疾儿童和少年免费提供义务教育，并针对残疾学生的特殊需要适当提高补助水平；为残疾人免费提供就业服务和就业援助；为残疾人提供盲人阅读、聋人手语及影视字幕、特殊艺术和自强健身等公共文化体育服务；为残疾人提供无障碍环境。

加强针对盲人和聋人特殊需求的公共文化服务，实行公共文化体育设施对残疾人优惠开放，扩大盲人读物出版规模。加快无障碍建设和改造，推进公共设施设备和信息交流无障碍，有条件的地方为有需求的贫困残疾人家庭无障碍改造提供补助。建立健全残疾预防体系。

20. 国务院办公厅转发教育部等部门关于进一步加快特殊教育事业发展意见的通知

加快特殊教育信息化进程。建好国家特殊教育资源库和特教信息资源管理系统，促进优质特殊教育资源共享。地方各级人民政府要加强特殊教育信息化软硬件建设。特教学校要根据残疾学生的特点积极开展信息技术教育，大力推进信息技术在教学过程中的应用，提高残疾学生信息素养和运用信息技术的能力。

21. 中共中央、国务院关于促进残疾人事业发展的意见

加快无障碍建设和改造。制定、完善并严格执行有关无障碍建设的法律法规、设计规范和行业标准。新建改建城市道路和建筑物等必须建设规范的无障碍设施，已经建成的要加快无障碍改造。小城镇和农村地区逐步推行无障碍建设。加快推进与残疾人日常生活密切相关的住宅、社区、学校、福利机构、公共服务场所和设施的无障碍建设和改造，有条件的地方要对贫困残疾人家庭住宅无障碍改造提供资助。交通运输、铁路及城市公共交通要加大无障碍建设和改造力度。公共交通工具要配置无障碍设备，完善残疾人驾驶机动车的有关规定和管理办法，公共停车区要优先设置残疾人专用停车泊位。切实加强无障碍设施设备的管理和维护。积极推进信息和交流无障碍，公共机构要提供语音、文字提示、盲文和手语等无障碍服务，影视作品和节目要加配字幕，网络、电子信息和通信产品要方便残疾人使用。

表 2-2-2　信息无障碍相关中央政策清单

发布时间	文件名称
2019/11/21	中共中央　国务院印发《国家积极应对人口老龄化中长期规划》
2019/7/10	《关于加快推进公共法律服务体系建设的意见》
2019/5/16	《数字乡村发展战略纲要》
2018/9/26	《乡村振兴战略规划（2018—2022 年）》
2018/5/23	《关于深入推进审批服务便民化的指导意见》
2017/8/24	国务院关于进一步扩大和升级信息消费持续释放内需潜力的指导意见
2017/6/8	国务院办公厅关于印发政府网站发展指引的通知
2017/5/7	中共中央办公厅　国务院办公厅印发《国家"十三五"时期文化发展改革规划纲要》
2017/3/1	国务院关于印发"十三五"推进基本公共服务均等化规划的通知
2017/2/17	国务院办公厅关于创新农村基础设施投融资体制机制的指导意见
2017/1/24	国务院关于印发"十三五"促进民族地区和人口较少民族发展规划的通知
2016/12/27	国务院关于印发"十三五"国家信息化规划的通知
2016/8/17	国务院关于印发"十三五"加快残疾人小康进程规划纲要的通知
2016/7/27	中共中央办公厅　国务院办公厅印发《国家信息化发展战略纲要》
2016/1/15	国务院关于印发推进普惠金融发展规划（2016—2020 年）的通知
2015/2/5	国务院关于加快推进残疾人小康进程的意见
2014/1/25	中共中央办公厅　国务院办公厅印发《关于创新机制扎实推进农村扶贫开发工作的意见》
2013/8/14	国务院关于促进信息消费扩大内需的若干意见
2012/7/19	国务院关于印发国家基本公共服务体系"十二五"规划的通知
2009/5/8	国务院办公厅转发教育部等部门关于进一步加快特殊教育事业发展意见的通知
2008/3/28	中共中央、国务院关于促进残疾人事业发展的意见

（三）部委政策

1. 国家发展改革委

（1）关于促进"互联网 + 社会服务"发展的意见。

加快布局新型数字基础设施，为智能化社会服务应用赋能。面向远程医疗、在线教育和智慧养老等领域，加快第五代移动通信技术（5G）行业应用试点。

加强全民数字技能教育和培训，针对信息技能相对薄弱的老年人等服务消费群体，普及信息应用、网络支付、风险甄别等相关知识，逐步培育群众新型服务消费习惯。

（2）城企联动普惠养老专项行动实施方案（试行）。

加强老年人产品应用推广。鼓励有条件的城市开展康复辅助器具、人工智能养老产品的研发、生产、适配和租赁服务。持续推动智慧健康与养老产业发展，加强人工智能、物联网、云计算、大数据等新一代信息技术和智能硬件产品在养老服务领域深度应用。

（3）加大力度推动社会领域公共服务补短板强弱项提质量，促进形成强大国内市场的行动方案。

推进医养结合，为老年人提供患病期治疗、康复期护理、稳定期生活照料以及安宁疗护一体化的健康和养老服务。支持适合老年人的智能化产品、健康管理设备、健康养老移动应用软件（APP）等设计开发，开展智慧健康养老应用试点示范。加快建立全国统一的养老服务质量标准和评价体系，到2020年全面实施全国养老机构服务质量等级评定工作。

2. 民政部

（1）新冠肺炎疫情高风险地区及被感染养老机构防控指南。

加强老年人心理调节，做好正面宣传教育，为居室内老年人提供电视、广播、阅读等文化娱乐服务，利用电话、网络等为老年人提供与亲属间的亲情化沟通服务，纾解焦虑恐惧情绪，引导其保持正常作息、规律生活。对在隔离区观察的老年人要给予重点关怀，必要时及时提供心理支持服务。

（2）关于进一步扩大养老服务供给，促进养老服务消费的实施意见。

打造"互联网＋养老"服务新模式。加快互联网与养老服务的深度融合，汇聚线上线下资源，精准对接需求与供给，为老年人提供"点菜式"就近便捷养老服务，创新服务模式，培育服务新业态，改善服务体验，更好地带动养老服务消费。引导有条件的养老服务机构运用现代信息技术，依托互联网、物联网、云计算、大数据、智能养老设备等，开发多种"互联网＋"应用，打造多层次智慧养老服务体系，创造养老服务的新业态、新模式。

3. 工业和信息化部

（1）关于进一步做好新冠肺炎疫情防控期间宽带网络助教助学工作的通知。

加强网络覆盖。各地通信管理局要组织基础电信企业持续加大宽带网络和 4G/5G 基站建设力度，不断提升学校网络带宽条件，为各级各类学校开展在线教学提供网络支撑。要结合电信普遍服务试点项目，加快农村偏远地区网络覆盖，着力解决网速慢、信号弱等问题。要积极配合教育主管部门，按照当地教育教学工作安排，及时做好疫情重点地区、临时教育教学场所等区域的网络保障。

提供资费优惠。鼓励基础电信企业重点面向建档立卡贫困家庭学生推出特惠流量包等精准帮扶举措，减轻困难学生用网资费压力。各地通信管理局要加强组织协调，与当地扶贫办（局）和教育主管部门做好受帮扶对象数据对接，确保相关帮扶举措精准落实到位。

（2）五部门印发《关于促进老年用品产业发展的指导意见》的通知。

以习近平新时代中国特色社会主义思想为指导，深入贯彻落实党的十九大和十九届二中、三中、四中全会精神，践行新发展理念，深化供给侧结构性改革，实施创新驱动发展战略，培育龙头骨干企业，激发产业发展内生动力，丰富产品品种、提升产品品质、创建产品品牌，深化互联网、大数据、人工智能、5G 等信息技术与老年用品产业融合发展，逐步构建完善的老年用品产业体系，增强适应老龄化社会的产业供给能力，不断满足老年人多样化、多层次消费需求。

加快构建标准体系。全面梳理和完善老年用品产业相关领域标准体系，面向功能性纺织品、家庭服务机器人、康复训练及健康促进辅具、适老智能家居和家电产品等领域，制修订一批关键亟须的产品和技术标准，加大对国际标准的采标力度。鼓励发展具有引领促进作用的团体标准，完善团体标准转化机制，形成政府主导制定与市场自主制定协同发展、协调配套的新型标准体系。

推动智能产品应用。加快推进互联网、大数据、人工智能、5G 等信息技术和智能硬件在老年用品领域的深度应用。支持智能交互、智能操作、多机协作等关键技术研发，提升康复训练及健康促进辅具、健康监测产品、养老监护装置、家庭服务机器人、可穿戴老年服装服饰、日用辅助产品等适老产品的智能水平、实用性和安全性，开展家庭、社区服务中心、养老机构、医院等多种应用场景的试点，建设一批智慧健康养老示范企业、街道（乡镇）和基地。

（3）关于开展第三批智慧健康养老应用试点示范的通知。

一是支持建设一批示范企业，包括能够提供成熟的智慧健康养老产品、服务、系统平台或整体解决方案的企业。

二是支持建设一批示范街道（乡镇），包括应用多类智慧健康养老产品，利用信息化、智能化等技术手段，为辖区内居民提供智慧健康养老服务的街道或乡镇。

三是支持建设一批示范基地，包括推广智慧健康养老产品和服务、形成产业集聚效应和示范带动作用的地级或县级行政区。

（4）关于开展深入推进宽带网络提速降费、支撑经济高质量发展 2019 专项行动的通知。

开展"精准降费"，推动基础电信企业面向全国建档立卡贫困户给予最大折扣基础通信资费优惠，中小企业宽带平均资费降低 15%，内地与港澳地区间流量漫游费降低 30%，移动网络流量平均资费降低 20% 以上。

（5）关于深入推进网络提速降费加快培育经济发展新动能 2018 专项行动的实施意见。

持续开展电信普遍服务试点。推进行政村和陆地边境线 4G 网络覆盖，以及偏远地区中小学、医疗机构等场所宽带网络覆盖，鼓励基础电信企业推动宽带网络向有条件的海岛和自然村延伸。

积极推动信息无障碍建设。加快政务信息无障碍服务平台建设，为各地政府部门、公共事业单位网站提供信息无障碍服务支撑。推动互联网公共服务网站提供信息无障碍服务，保障有障碍人群均能平等、便捷地获取政府及公共信息服务。

（6）工业和信息化部关于电信服务质量的通告（2013 年第 1 号）。

业务融合创新，助力小康社会建设。2012 年，移动互联网、云计算、物联网等发展迅速，进一步推动经济社会各领域信息化进程。全国已有 320 个城市投入 3000 亿元建设智慧城市，智慧城管、智慧 e 通等一系列信息化服务走进百姓生活；政府部门主要业务信息化覆盖率已达 70%，政府网站信息无障碍试点开始运行，98% 的行政村建立信息服务站，农村地区教育、医疗、社会保障、劳动就业、社区服务等领域信息化水平不断提升。

（7）工业和信息化部 2010 年标准化工作要点。

加强网络与信息安全标准制定，完善电信网和互联网信息安全、安全防护等技术标准。研究制定宽带接入、互联互通、信息无障碍、节能减排、安全生产、共建共享、应急通信、移动支付等技术标准。

4. 教育部

（1）教育部关于加强"三个课堂"应用的指导意见。

指导思想：

以习近平新时代中国特色社会主义思想为指导，全面贯彻党的教育方针，落实立德树人根本任务，发展素质教育，促进信息技术与教育教学实践深度融合，推动课堂革命，创新教育教学模式，促进育人方式转变，支撑构建"互联网＋教育"新生态，发展更加公平更有质量的教育，加快推进教育现代化。

应用模式：

"专递课堂"强调专门性，主要针对农村薄弱学校和教学点缺少师资、开不出开不足开不好国家规定课程的问题，采用网上专门开课或同步上课、利用互联网按照教学进度推送适切的优质教育资源等形式，帮助其开齐开足开好国家规定课程，促进教育公平和均衡发展。

"名师课堂"强调共享性，主要针对教师教学能力不强、专业发展水平不高的问题，通过组建网络研修共同体等方式，发挥名师名课示范效应，探索网络环境下教研活动的新形态，以优秀教师带动普通教师水平提升，使名师资源得到更大范围共享，促进教师专业发展。

"名校网络课堂"强调开放性，主要针对有效缩小区域、城乡、学校之间教育质量差距的迫切需求，以优质学校为主体，通过网络学校、网络课程等形式，系统性、全方位地推动优质教育资源在区域或全国范围内共享，满足学生对个性化发展和高质量教育的需求。

总体目标：

到 2022 年，全面实现"三个课堂"在广大中小学校的常态化按需应用，建立健全利用信息化手段扩大优质教育资源覆盖面的有效机制，开不齐开不足开不好课的问题得到根本改变，课堂教学质量显著提高，教师教学能力和信息素养持续优化，学校办学水平普遍提升，区域、城乡、学校差距有效弥合，推动实现教育优质均衡发展。

（2）关于教育支持社会服务产业发展，提高紧缺人才培养培训质量的意见。

加快培养家庭服务机器人、健康监测、家用智能监控等健康养老、家政服务领域智能设施设备的研发制造人才，促进人工智能技术、虚拟现实（VR）技术、智能硬件、新材料等在社会服务业深度应用。

5. 住房城乡建设部

（1）住房城乡建设部等部门关于开展无障碍环境市县村镇创建工作的通知。

进一步做好无障碍环境建设工作，力争到2020年实现无障碍环境建设工作机制、地方性法规、规章、标准体系进一步健全，无障碍设施覆盖面进一步扩大，无障碍环境建设水平明显提升，全社会关心、支持、参与无障碍环境建设与维护的社会氛围不断增强，农村无障碍环境得到较大改善目标。

附件：《创建无障碍环境工作标准》

已建城市中心区及视觉障碍者集中区域的人行横道，应增设过街音响提示装置。人行横道的安全岛应修建轮椅通道。城市主要道路人行天桥和人行地道，宜增设安全梯道、轮椅坡道或无障碍电梯，并设置无障碍标志牌。

政府应将无障碍信息交流建设纳入信息化建设规划。

政府及其有关部门发布重要政府信息和与残疾人相关的信息，应创造条件为残疾人提供语音和文字提示等信息交流服务。

政府设立的电视台在播出电视节目时应配备字幕，每周应播放至少一次配播手语的新闻节目。公开出版发行的影视类录像制品应配备字幕。

政府设立的公共图书馆应开设视力残疾人阅览室，提供盲文读物、有声读物。

残疾人组织网站、政府网站、政府公益活动网站应达到无障碍网站设计标准。

公共服务机构和公共场所应为残疾人提供语音和文字提示、手语和盲文等信息交流服务。

基础电信企业应对持证视力、听力和言语残疾人使用固定电话、移动电话和宽带网络服务等费用予以适当优惠。

（2）住房城乡建设部等部门关于加强村镇无障碍环境建设的指导意见。

统筹规划和分步推进。将无障碍环境建设的要求纳入村镇规划及相关专项规划，分步推进。把无障碍环境建设与新型城镇化和农村基础设施建设有机结合起来。

到2020年，村镇无障碍环境建设工作机制基本健全，社会各方力量共同参与的良好社会氛围基本形成，村镇无障碍环境建设投入不断加大，村镇道路、基本公共服务设施、基本公共活动场所、残疾人家庭和老年人家庭无障碍设施建设和改造不断推进，村镇无障碍环境明显改善。

6. 文化和旅游部

（1）文化部"十三五"时期公共数字文化建设规划。

建立国家基本公共数字文化资源库。针对不同群体的文化需求，定制惠农资源、务工资源、少儿资源、社区服务资源、残障专题资源和精准扶贫资源等各具特色的数字文化资源产品，满足不同群体数字文化需求。

加大贫困地区和特殊群体服务力度。开展中西部贫困地区数字文化资源配送活动和数字图书馆精准帮扶专项活动，加大公共数字文化资源和产品"点对点"直接配送力度，精准提供公共数字文化服务。大力推进少年儿童数字图书馆建设，通过网站、手机、手持阅读器、数字电视和电子数据库等多种模式向青少年提供数字图书馆服务。推进残障人士数字图书馆和音频馆建设，建立残障人士阅读和视听服务体系。通过微信、网站和广播电视等渠道向贫困地区和特殊群体广泛推广数字文化资源。

进一步完善公共图书馆残障人士数字化服务内容和保障措施，建立和完善残障人士阅读服务体系，为残障人士提供无障碍数字图书馆服务，保障残障人士获取信息和学习知识的文化权利。完善少儿图书馆数字化服务，构建中华优秀传统文化网络教育平台，向青少年儿童推送经典文化资源，提供健康绿色的数字图书馆服务。

（2）全国公共图书馆事业发展"十二五"规划。

加强对农村基层和特殊群体的服务。在实现均等普惠的公共服务基础上，加强面向农村基层和特殊人群的文化关怀，丰富农村、偏远山区和弱势群体的精神文化生活。加强面向农民、进城务工人员、老年人、未成年人、低收入人群和残障人群等特殊人群的图书馆服务，开辟服务渠道，丰富服务内容，探索建立长效机制，有效提高对弱势群体的公共文化供给能力。开辟面向未成年人的绿色网络空间，为青少年健康利用网络和提高信息素养提供条件，积极探索面向儿童的阅读服务。丰富边疆地区公共图书馆服务的层次和内容，促进民族团结和社会和谐。

（3）文化部"十二五"时期公共文化服务体系建设实施纲要。

加强面向特殊群体的公共文化服务。完善面向妇女、未成年人、老年人和残疾人的公共文化服务设施。鼓励社会组织参与对弱势群体的文化服务。

7. 中宣部

关于推广国家通用手语和国家通用盲文的通知。新闻出版和广播电视管理部门要采取多种形式广泛深入宣传国家通用手语和国家通用盲文，加大电视节目手语翻译国家通用手语的培训力度，将通用盲文阅读推广纳入全民阅读活动，采取有力措施，落实在国家公务活动、电视和网络媒体、公共服务和信息处理中使用国家通用手语和国家通用盲文的要求。

8. 中国残疾人联合会

（1）全国残联信息化服务平台框架方案。

建设全国残联信息化服务平台，实现"一数一源""一人一案""一网通办"和"一证通行"，为精准化、精细化的残疾人服务提供决策依据和技术支撑。

"一数一源"。即按照统一规划，规范残疾人信息采集与数据管理，建设统一标准和统一管理的残疾人大数据。

"一人一案"。即充分利用残疾人大数据，将残疾人需求与政策服务资源进行精准匹配，为制订残疾人个性化服务方案提供支撑。

"一网通办"。即通过"互联网＋助残服务"建设，打造便捷高效的残疾人线上服务，推行残疾人服务"最多跑一次"。

"一证通行"。即推进残疾人证的技术支撑体系建设，提升残疾人依证享受服务的便捷性。

（2）关于进一步加强中国残疾人就业创业网络服务平台使用推广工作的通知。

做到服务对象全覆盖。依托平台为就业年龄段内，有就业需求的残疾人和各类用人单位建立全流程服务信息档案。通过多维度和可视化的展现，实时、全面和清晰地掌握就业需求、趋势、就业情况与业务开展情况等信息，有效支撑就业服务的实施、管理和决策。

打造一站式就业服务。将本地个性化业务或服务需求转移至线上，使本地化平台与中国残联平台相互衔接和互为补充，实现残疾人就业服务工作的网络化。残疾人和用人单位通过平台便捷获取政策宣传、职业能力评估、职业介绍、职业指导、创业指导、职业培训、就业援助和岗位开发等一站式服务。

构建全域性服务体系。构建涵盖残疾人就业服务机构、残疾人就业辅导员和社会机构的残疾人就业服务网络，推动线下线上业务相结合，鼓励各类就业基地和培训基地等机构通过平台参与服务。拓展网站端和移动客户端等渠道实现线上服务同步联动。

提供精准高效就业服务。建立健全残疾人就业服务标准体系，统一业务流程和规范，对服务流程和服务效果等重要节点实现留痕，形成就业服务工作档案。对各类残疾人和用人单位就业服务需求和职业培训等信息实行动态化管理，纵向与全国数据实现互联互通。简化优化服务流程，实现专业、精准和高效的就业服务。

完成本地化平台落地工作。各省级残联要在2021年底前完成本地化平台建设并投入运营。一是及时启动本地化平台建设工作，制定工作方案与时间表，厘清本地化平台业务与服务事项清单，整合各类残疾人就业服务信息，与财政、税务和人力资源社会保障等部门建立信息共享机制；二是以购买服务的方式，引入专业机构参与本地化平台的运营工作，通过社会化手段进行内容维护、宣传推广和就业服务等工作，及时响应用户的个性化需求，就业服务机构与运营团队合力开展工作，确保本地化平台发挥作用。

全面依托平台开展就业服务。一是做好残疾人就业服务。各地要逐步完善残疾人职业能力、技能特长和工作经历等数据，精准掌握残疾人就业需求，依托平台开展职业能力测评、职业介绍、职业指导和创业指导等服务。二是做好对用人单位的服务。各地要依托平台对用人单位开展政策宣传、岗位开发和补贴申领等服务。三是实现残疾人职业培训动态管理。平台将建立全国统一的残疾人职业培训管理系统，各地要依托该系统建立本级的残疾人职业培训机构、培训项目和培训证书目录，并向社会公示，逐步实现残疾人职业培训机构和培训项目的分级管理和动态管理。

做好平台宣传推广。一是大力宣传推广平台。各级残联宣文部门和残疾人就业服务机构与运营机构要建立宣传协作机制，积极通过官网、新媒体平台和举办活动等渠道和契机对平台进行广泛宣传，扩大平台影响力，吸引社会关注残疾人就业。二是充分利用平台宣传残疾人就业工作。各地要将平台作为宣传残疾人事业和残疾人就业工作的重要阵地，及时上报发布各类促进残疾人就业创业的法规政策和新闻资讯。积极宣传转发和组织参加平台组织的重大专题活动。三是积极开展社会化合作。鼓励引导人力资源服务机构、创投机构和助残企业等机构入驻平台，提供职业介绍、灵活就业岗位、线上培训和专家指导等项目与资源，丰富服务内容。

（3）关于进一步做好铁路残疾人旅客专用票额车票发售工作的通知。

拓展残疾人旅客专用票额车票发售渠道。按照《铁道部办公厅关于做好残疾人旅客专用票额车票发售工作的通知》（铁办运〔2011〕62号）要求，符合购买残疾人旅客专用票额车票条件的残疾人旅客，可在12306网站（含手机APP，下同）购买专用票额车票。

做好残疾人旅客专用票额车票发售保障支持工作。中国国家铁路集团有限公司（以下简称国铁集团）、退役军人事务部、中央军委后勤保障部和中国残疾人联合会共同推进残疾人身份信息及残疾人购票资质录入、更新和确认工作，为符合条件的残疾人旅客在12306网站购买残疾人旅客专用票额车票提供便利。

（4）关于支持视力、听力、言语残疾人信息消费的指导意见。

各通信管理局要加强指导，推动基础电信企业推出对视力、听力和言语残疾人的资费优惠方案，总结推广本企业已有的信息优惠措施，对持证视力、听力和言语残疾人使用固定电话、移动电话和宽带网络服务等费用予以适当优惠。互联网企业应积极主动为视力、听力和言语残疾人从事网络创业和电商交易提供支持，给予费用优惠。各级残联要协调本地区数字电视公司对视力、听力和言语残疾人安装和使用数字电视服务费用予以减免。

各地残联和通信管理局要积极向当地党委、政府及财政等部门反映视力、听力和言语残疾人在获取信息服务中的实际困难和需求，介绍已发放消费补贴地区的经验做法，提出补贴残疾人信息消费的工作建议。调动各方面有利因素，推动制定适应当地经济社会发展水平和残疾人需求的补贴政策，积极为残疾人争取信息消费补贴。

各级残联要协调网信等部门，落实《关于加强网站无障碍服务能力建设的指导意见》，推进政府和从事相关公共服务的行业采取信息无障碍措施，为视力、听力和言语残疾人网络创业和电商交易等提供无障碍信息服务。

各级残联要协调相关部门从加大投入、税费减免和规划研究等角度，鼓励支持相关信息无障碍产品研发、生产、推广和应用，为视力、听力和言语残疾人接受信息和沟通交流，更好地参与生产生活创造条件。

各通信管理局要指导协调当地互联网企业，为从事互联网行业的视力、听力和言语残疾人在技能培训、运营管理、物流仓储、信息共享和产品销售等方面提供便利。

各地残联和通信管理局应注重通过政府购买服务和减免相关费用等多种形式，鼓励和支持企事业单位和社会组织建立服务残疾人的呼叫中心，满足听力和言语残疾人在以有声方式提供公共服务的领域，如快递、保险、金融和急救等，享受正常服务的需求。

（5）无障碍环境建设"十三五"实施方案。

完善无障碍环境建设相关政策标准，促进基本公共服务均等化。在交通、教育、金融、旅游、食品药品、信息网络、紧急避险和应急疏散等行业和领域出台一系列无障碍环境建设的政策和标准，健全无障碍基本公共服务，为残疾人参与社会生活和获得公共服务创造更好条件。

进一步修订完善与无障碍环境建设相关的城市公共设施建设规划，鼓励制定促进社会资本投入无障碍环境建设的优惠激励政策，出台加强学校无障碍改造，加强政府和社会公共服务网站无障碍改造，加强食品药品信息无障碍识别、金融无障碍、残疾人紧急避险和应急疏散等政策，推动制定盲人和聋人信息消费支持政策。

制定铁道客车及动车组无障碍设施通用技术条件、无障碍客运船舶、移动互联网终端无障碍和导盲犬驯养管理等无障碍国家和行业标准，推进信息无障碍国际标准化工作，完善无障碍建设标准体系和评价体系，为无障碍环境建设提供技术支持。

发展信息交流无障碍。进一步将无障碍信息交流建设纳入信息化建设规划。设区市以上政府新闻发布会逐步增加手语服务，推进影像制品和电视栏目加配字幕，鼓励有条件的电视台电视节目加配手语解说，各部委、各省、设区市政府网站和主要社会公共服务机构网站无障碍服务能力达到基本水平，加快推进食品药品信息识别无障碍。推广在公共服务机构和公共场所为残疾人提供语音和文字提示、手语和盲文等信息交流服务。加强信息无障碍通用产品和技术的研发、推广与应用。推进聋人手机短信服务平台建设。图书和声像资源数字化建设实现信息无障碍。推进社区选举无障碍。全面实施方便聋人短信报警服务。

（6）关于加强网站无障碍服务能力建设的指导意见。

按照国家相关标准加强网站无障碍服务能力建设，全面促进和改善网络信息无障碍服务环境。到2020年底，国务院各部门政府网站、各省级人民政府及其部门网站和各市级人民政府网站的无障碍服务能力建设达到基本水平，能够满足残疾人浏览网站和在网上办理服务事项的基本需求，鼓励有条件的县和区政府网站开展无障碍服务能力建设，积极引导各级各类公共企事业单位、新闻媒体、金融服务和电子商务等网站的无障碍服务能力达到基本水平，为残疾人等获取信息和享有公共服务提供便利。

将无障碍服务能力建设纳入政府网站建设规划并推进实施。在网站新建、重新规划和改版等工作中，要将无障碍服务能力作为重要建设指标统筹考虑并纳入其中。各相关部门要切实采取措施开展网站无障碍建设。集约型网站无障碍建设要由网站群建设方统筹考虑，网站群建设方要进行统一规划，统一要求，统一实施。

围绕网站内容开展无障碍建设。网站内容的无障碍建设，包括网页结构、网页内容和网站功能等。网站链接的第三方提供的内容和服务以及内部系统的无障碍改造可根据实际情况逐步推进。网站无障碍建设应根据网站建设实际，按照从低级到高级的方式循序渐进，逐步向更高层次目标迈进。

加强网站无障碍建设配套技术的研究开发。鼓励企业针对残疾人和老年人等特殊用户的需求，研制开发网络终端软硬件无障碍产品，鼓励有技术实力的互联网企业开发无障碍的信息发布系统，加强残疾人信息服务辅助系统的开发建设和服务功能的升级完善，不断提高我国开展网络信息无障碍建设的技术实力。

不断完善信息无障碍技术标准。在互联网无障碍建设过程中，公共服务机构、社会福利机构、信息服务部门、产品开发企业和科研院校等相关部门与单位应紧密合作，交流并归纳实践经验，制定并不断完善相关的技术标准。推进制定移动终端互联网无障碍标准，发展移动终端无障碍服务。在制定国内标准的同时，积极向国际标准组织提交标准提案，提高我国无障碍技术和产品的国际影响力。

完善公共服务网站无障碍建设。引导各级各类公共企事业单位、新闻媒体、金融服务和电子商务等公共服务网站根据服务提供、市场和残疾人的需求，整合资源，通过开展残疾人体验等方式，完善网站无障碍服务功能，特别是考虑入口和渠道的无障碍，切实为残疾人办理事务、消费和获得公共服务创造条件。

（7）无障碍建设"十二五"实施方案。

全面推进无障碍建设。加快推进城市无障碍建设和改造，将无障碍建设纳入社会主义新农村和城镇化建设内容，民航、铁路、交通和教育等行业无障碍建设进一步加强，加快信息交流无障碍建设，全社会无障碍意识进一步增强。

加强信息交流无障碍建设。推动各级政府和有关部门采取无障碍方式发布政务信息。推动市级电视台在电视节目中加配字幕或开办手语节目。推动在重点公共服务行业、公共场所、公共交通工具建立语音提示和信息屏幕系统。试点建立方便听力和言语残疾人使用的紧急呼叫与显示系统。推动互联网网站实行无障碍设计。研发推广信息交流无障碍技术、产品和服务。推进药品和食品说明的信息无障碍，图书和声像资源数字化建设实现信息无障碍。推进聋人手机短信服务平台建设。

9. 国家卫生健康委员会

关于建立完善老年健康服务体系的指导意见。强化信息支撑。充分利用人工智能等技术，研发可穿戴的老年人健康支持技术和设备，探索开展远程实时查看、实时定位、健康监测、紧急救助呼叫等服务。加强老年健康服务相关信息系统建设，促进各类健康数据的汇集和融合，整合信息资源，实现信息共享。积极探索"互联网＋老年健康"服务模式，推动线上线下结合，开展一批智慧健康服务示范项目。

表 2-2-3　部委出台的信息无障碍相关的政策清单

部委	发布时间	文件名称
发改委	2019/12/12	关于促进"互联网＋社会服务"发展的意见
	2019/2/22	城企联动普惠养老专项行动实施方案（试行）
	2019/2/19	加大力度推动社会领域公共服务补短板强弱项提质量　促进形成强大国内市场的行动方案
民政部	2020/2/25	新冠肺炎疫情高风险地区及被感染养老机构防控指南
	2019/9/23	关于进一步扩大养老服务供给　促进养老服务消费的实施意见
工信部	2020/3/3	工业和信息化部办公厅关于进一步做好新冠肺炎疫情防控期间宽带网络助教助学工作的通知
	2020/1/17	五部门印发《关于促进老年用品产业发展的指导意见》的通知
	2019/6/5	关于开展第三批智慧健康养老应用试点示范的通知
	2019/5/8	关于开展深入推进宽带网络提速降费、支撑经济高质量发展 2019 专项行动的通知
	2018/5/17	工业和信息化部　国资委关于深入推进网络提速降费加快培育经济发展新动能 2018 专项行动的实施意见
	2013/1/22	工业和信息化部关于电信服务质量的通告（2013 年第 1 号）
	2010/5/10	关于印发《工业和信息化部 2010 年标准化工作要点》的通知
教育部	2020/3/16	教育部关于加强"三个课堂"应用的指导意见
	2019/10/9	关于教育支持社会服务产业发展　提高紧缺人才培养培训质量的意见
国家卫健委	2019/11/1	关于建立完善老年健康服务体系的指导意见
住建部	2018/11/5	住房城乡建设部等部门关于开展无障碍环境市县村镇创建工作的通知
	2015/2/4	住房城乡建设部等部门关于加强村镇无障碍环境建设的指导意见
文旅部	2017/7/7	文化部关于印发《文化部"十三五"时期公共数字文化建设规划》的通知
	2013/1/30	文化部关于印发《全国公共图书馆事业发展"十二五"规划》的通知
	2013/1/14	文化部关于印发《文化部"十二五"时期公共文化服务体系建设实施纲要》的通知
中宣部	2018/6/26	关于推广国家通用手语和国家通用盲文的通知

部委	发布时间	文件名称
中残联	2020/4/26	全国残联信息化服务平台框架方案
	2020/3/20	中国残联办公厅关于进一步加强中国残疾人就业创业网络服务平台使用推广工作的通知
	2020/1/22	关于进一步做好铁路残疾人旅客专用票额车票发售工作的通知
	2017/12/20	中国残联、工业和信息化部《关于支持视力、听力、言语残疾人信息消费的指导意见》
	2016/9/21	无障碍环境建设"十三五"实施方案
	2016/3/8	中国残疾人联合会　国家互联网信息办公室《关于加强网站无障碍服务能力建设的指导意见》
	2011/12/22	关于印发《无障碍建设"十二五"实施方案》的通知

第三节　信息无障碍相关技术的发展

一、早期信息无障碍注重解决传统信息交流问题

早期的信息无障碍技术着力于消除残疾人、老年人等群体在传统信息交流过程中遇到的信息无障碍问题。信息无障碍建设早于互联网时代的到来。在手机、电脑等现代信息通信手段普及之前，消除障碍群体信息获取途径上困难的需求就已经产生。早期解决信息障碍的问题的技术思路是为障碍群体建立一种封闭式的特殊解决方式。例如，对于盲人群体制作盲文书籍、音频类数字读物，聋哑人士需要交流沟通，就开发了另外一种语言——手语。但这种方式容易将有身体障碍的人群从大众中隔离，导致他们只能在封闭的小圈子里获得一部分的信息知识。并且，早期的技术注重于解决残疾人、老年人本身因为听力、视力功能的限制而在信息交流中存在的障碍，帮助其恢复或弥补部分感官功能，例如使用人造耳蜗、助听器等辅助器具帮助听障群体

恢复部分听力。

二、信息时代下信息无障碍技术着力解决互联网使用问题

互联网时代，信息无障碍技术的开发思路转为让视障、听障等人群也能同健全人一样无差别地获取网上信息，使用电脑、手机上的各种软件应用。在信息多元化的今天，如何让所有人能在同一环境下平等、便捷地获取和使用信息，成为信息无障碍的核心理念和追求。针对不同人群、不同残疾及不同用途，许多信息技术和电子通信行业厂商与开发机构研制了专门的辅助技术和产品。以信息通信行业为例，计算机专用软件、硬件产品和技术为残疾人等群体提供了极大便利。互联网时代的无障碍技术一般涵盖三个方面：基础设备无障碍、网络无障碍、电子产品无障碍。现有无障碍技术几乎融入了社会生活的各个方面。应用范围涵盖了辅助设备、通信终端等多个方面。

目前常用的无障碍技术大致可以分为以下三类：（1）通用软件技术，具有基础性和普遍性，凭借开放性和标准化的接口，提供覆盖所有信息通信无障碍的基本技术，简化底层研发环节。（2）代理操作和代理控制技术，分别帮助用户完成信息获取或沟通过程中生理机能的运作和意思的表达，服务建立在用户自身的信息行为之上。（3）媒体信息的加强、转换以及还原技术等，则是通过对信息对象的特殊处理来实现其价值。这些技术集中适用于网络无障碍和电子信息产品无障碍两个方面。

三、新一代信息技术推动信息无障碍创新发展

以物联网、大数据、云计算、人工智能为代表的新一代信息技术变革浪潮，为信息无障碍技术的创新发展注入了新的活力。信息无障碍开始注重利用新一代信息技术赋能社会群体，改善教育、医疗、出行、就业创业等生活工作各领域的障碍问题。越来越多的科技型企业开始关注到信息无障碍行业的巨大经济潜力，推动技术、产品的新一轮创新。人工智能技术开始应用于智能家电、智能安防、智能家居控制等，通过生物特征识别、语音识别、图像识别等智能化技术促进传统家居产品转型升级。大数据技术为残疾人数据库建设，开展信息化研究和服务提供了支撑，我国现已建立了全国残疾人人口基础数据库，支持残疾人基本服务状况和需求信息数据的动态更新，为实

现残疾人无障碍供需对接提供了保障。基于大数据与人工智能技术的语音转文字、语音播报系统、语言翻译技术在各场景的广泛应用，不仅解决了特殊群体的信息障碍问题，也为每一个人的生活带来更多便利。信息无障碍技术正朝着智能化、融合化、通用化的方向发展。

第三章
我国信息无障碍发展取得的成就

第一节　基础设施

　　"宽带中国"战略与电信普遍服务试点工作深入推进，光纤宽带网络和移动4G网络在农村地区深度覆盖，越来越多的农村居民能够享受到普惠、优质的电信服务。为减轻残疾人信息消费成本，国务院、中国残联、工业和信息化部下发一系列支持视力、听力、言语残疾人信息消费的政策，对做好重点受益群体信息消费支持工作进行部署。各省市先后出台信息消费优惠方案，畅通优惠办理渠道，扩大资费优惠宣传，为老年人、残疾人真正享受到优惠的电信服务提供便利。

一、信息基础设施

　　我国农村网络基础设施建设不断完善，据工业和信息化部数据，截至2019年10月，我国行政村通光纤和通4G比例均超过98%[1]，提前完成《"十三五"国家信息化规划》目标。截至2019年底，我国农村宽带用户数达1.35亿户，在固定宽带接入用户中的占比为30%[2]。广大农村地区群众逐步跟上互联网时代的步伐，同步享受信息社会的便利。

　　2019年，我国建成全球最大规模光纤和移动通信网络，网络环境不断优化，推动网民规模持续增长。据中国互联网络信息中心（CNNIC）发布第45次中国互联网络发展状况统计报告[3]显示，截至2020年3月，我国网民规模达9.04亿，较2018年底增长7508万，互联网普及率达64.5%。其中，农村网民规模达2.55亿，占全国网民的28.2%，较2018年底增长3308万。我国农村地区互联网普及率为46.2%，较2018年底提升7.8个百分点，城乡地区

---

[1] http://news.cctv.com/2019/10/23/ARTl0KKhkPDSvTXjcYYKhMEJ191023.shtml.

[2] http://www.miit.gov.cn/n1146312/n1146904/n1648372/c7696411/content.html.

[3] 中国互联网信息中心第45次《中国互联网络发展状况统计报告》。

互联网普及率差异缩小 5.9 个百分点，网络普惠成就显著。

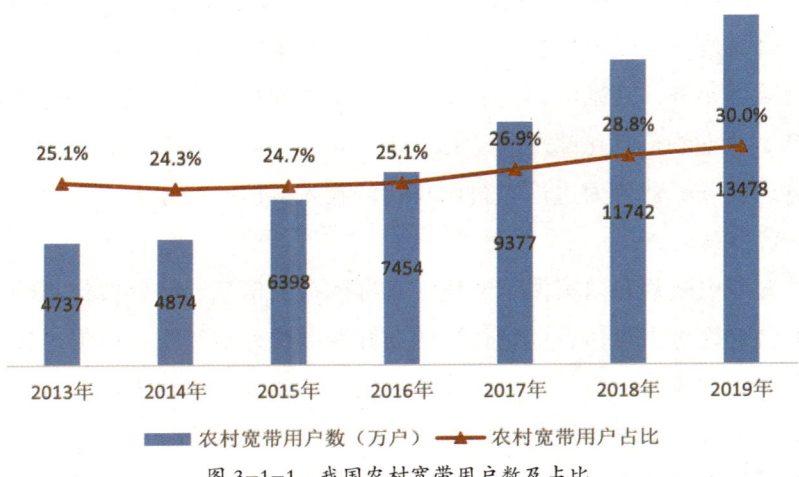

图 3-1-1　我国农村宽带用户数及占比

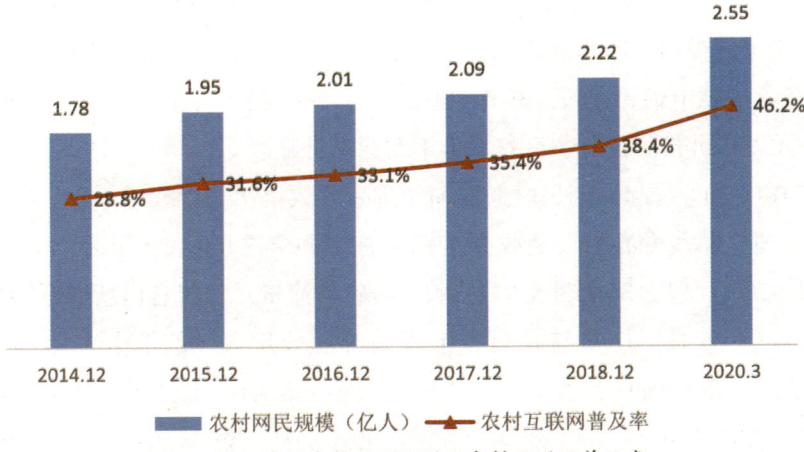

图 3-1-2　我国农村网民规模及农村互联网普及率

二、电信服务资费

　　近年来，国务院、中国残联、工业和信息化部相继出台多项相关政策，鼓励、引导电信业务经营者为视力、听力、言语残障人士提供更加优惠的资费方案，促进残疾人平等方便获取信息，减轻残疾人信息消费成本。2016 年，国务院发布《推进普惠金融发展规划（2016—2020 年）》，鼓励各地人民政府和国务院有关部门通过财政补贴、降低电信资费等方式扶持偏远、特困地区的支付服务网络建设。2017 年，中国残联、工业和信息化部制定下发《关于视力、听力、言语残疾人特定信息消费支持政策的指导意见》，推动为视力、听力、言语残疾人发放信息消费补贴，同时鼓励电信和互联网企业积极开展信息无障碍业务，基础电信企业积极推出针对残疾人群的优惠和补贴业务。2018 年，工业和信息化部发布《关于进一步规范电信资费营销行为的通知》，鼓励电信业务经营者为边远农村用户、低收入群体、残障人士等提供更加优惠的资费方案。

各省市积极落实国家关于为残疾人群体提供信息通信资费优惠的一系列重要部署，纷纷出台信息消费补贴的通知及办法，对持有《中华人民共和国残疾人证》的视力、听力、言语残疾人用户、家人及工作者，就资费套餐优惠、办理渠道、宣传引导等方面做出规定。

天津市出台《关于为视力、听力、言语残疾人发放通信信息消费补贴的通知》，自 2017 年起，对具有天津市户籍，持有《中华人民共和国残疾人证》（第二代）的视力、听力和言语残疾人，每月发放 30 元的通信信息消费补贴。补贴对象自愿申请，通过审核审批后，由各区残联于每年 6 月和 11 月按照每人 30 元/月标准发放上半年和下半年的通讯补贴。

2017 年 11 月起，四川联通面向全省残疾人推出"助残爱心卡"服务。残疾人办理"助残爱心卡"免收办卡费（首次办卡需预存 50 元话费），资费标准为 1 元/月，包含 30 分钟全国通话和 1G 省内流量，包打省内所有联通用户。

2018 年 5 月，广东省在全省范围内开展残疾人"信福卡"信息消费惠残活动。广东省内具有残疾人工作者证或相关证明的工作者及志愿者可办理"信福卡"优惠套餐。"信福卡"原价为 99 元/月，包含 20G 全国通用流量及 300 分钟通话，优惠后为 19 元/月，折扣低至 1.9 折。

北京移动、北京联通推出残疾人使用宽带、固话、手机相关业务的消费优惠活动。北京移动为残疾人免费开通朋友圈业务，可享受每月圈内主叫本地语音 3000 分钟。此外，还推出爱心充返赠流量话费方案，包括 38 元低消两年方案和 128 元两年方案（实际低消 68 元），活动自 2018 年 9 月 1 日起实施。北京联通原价 39 元/月的 4G 流量王产品，优惠后价格为 29 元/月；129 元/月的 4G 畅爽冰激凌产品，优惠后价格为 66 元/月，折扣优惠低至 5.1 折；光纤宽带流量王产品 9 折折扣优惠，活动自 2018 年 5 月 30 日起实施。

2018 年 6 月，贵州省出台《关于支持视力、听力、言语残疾人信息消费的实施办法》，对贵州省持有《中华人民共和国残疾人证》的视力、听力、言语残疾用户，在通话语音、手机上网流量、有线宽带等方面给予不低于普通用户 50% 的资费优惠。一次性收费项目（如有线宽带安装费、材料费、调测费等）给予不低于普通用户 50% 的收费减免。基础电信企业简化产品结构设计，做好资费公示，简化办理流程，采取绿色通道、上门服务、特事特办等特殊政策，为残疾人办理信息产品提供便利。

2018 年，浙江省颁布《浙江省通信管理局浙江省残疾人联合会关于实施视力、听力、言语残疾人信息产品优惠政策的通知》，视力、听力、言语残疾人申请办理爱心工程通信产品享受半价优惠。

2018 年，河南省郑州市为本地户籍且持有残疾人证的年满 16 周岁的视力、听力和言语残疾人发放通信信息消费补贴。补贴对象自愿申请通过审核审批后，由各县（市）、区残联按照每人 30 元 / 月标准一次性发放全年的通讯补贴。

吉林联通推出残疾人专属 4G 卡"关爱套餐"，于 2018 年 11 月 20 日正式上线。套餐低至 6 元 / 月，包含 150 分钟通话及 1.5GB 流量；16 元同行卡包含 175 分钟通话及 6GB 流量；26 元同心卡包含 500 分钟通话及 38GB 流量。

自 2019 年起，甘肃省兰州市为年满 16 周岁的视力、听力和言语残疾人发放通信信息消费补贴，每人每月 10 元的标准，同时与电信、移动、联通三大公司协商制定新的通讯优惠套餐。

湖北电信自 2019 年 5 月 18 日起给予残疾人信息消费相关优惠，面向残疾人用户和残疾人家庭用户推出两种优惠套餐，针对不同类型的残疾人提供精准服务，对盲人提供大语音视频优惠套餐，对聋哑人提供大流量、短信包优惠套餐。湖北省残疾人凭残疾证可享受各项优惠，套餐资费优惠最低4.7 折。

2019 年 5 月 30 日，江苏泰州移动在 2018 年爱心福卡的基础上做了进一步的优化，推出"爱心福卡 2.0"优惠计划。残疾人凭残疾证均可免费获取每月 1G 全国流量 +100 分钟国内通话 +100 条短信，优惠期为 1 年。此外，泰州移动推出"8 元爱心福卡""18 元爱心福卡""28 元爱心福卡"三种套餐，折扣低至 0.8 折。其中，"28 元爱心福卡"针对残疾人、聋人和盲人分别推出不同的套餐内容，满足不同障碍群体的通信需求。

深圳市2019年制定了残疾人电信资费优惠政策，出台了《深圳市残疾人联合会关于支持残疾人信息消费优惠措施的通知》，覆盖群体不仅包括残障人士，还将资费优惠对象延伸到残疾人工作者与监护人，成为全国首个将受益对象扩大的城市。依据《通知》，深圳电信、联通、移动分别制定了多款惠残专属套餐与残疾人专属流量包、话音包，整体优惠比例超过50%。

福建省于2017年10月实施"爱心工程"通信服务，对听力、视力残疾人办理宽带和手机上网业务给予费用优惠。由基础电信企业为申请办理"爱心工程"的听力、视力残疾人提供爱心工程通信优惠办理服务，申请人持"第二代残疾人证"到基础电信企业营业窗口办理业务，基础电信企业定期汇总办理名单到县、市（区）残联，通过"第二代残疾人证管理系统"对申请人信息进行比对、核实。2019年7月，福建省通信管理局、福建省残疾人联合会印发了《关于为福建省残疾人群体实施通信优惠的通知》，在福建省范围内面向残疾人群体推出实施通信资费优惠的精准帮扶措施。方案将于9月1日起在福建省正式实施，符合条件的申请者可任意选择在售公用通信服务，在用户申请办理业务的次月起基本通信费用按当月应收通信费用的50%收取。

2019年7月，海南省出台《关于支持视力、听力、言语残疾人信息消费的实施办法》。对视力、听力、言语残疾人使用固定电话、移动电话、手机短信、数据流量、宽带网络服务等，给予不低于普通用户50%的资费优惠。针对视力、听力、言语残疾人的特殊需求，制定专属优惠套餐，专属优惠套餐给予不低于普通用户50%的资费优惠。对视力、听力、言语残疾人用户的一次性收费项目（如安装、使用数字电视服务费，有线宽带安装费、材料费、调测费等），给予不低于普通用户50%的收费减免。对于海南省行政区域内的互联网企业，对从事网络创业、电商交易的视力、听力、言语残疾人用户，给予不低于普通用户50%的资费优惠。实施办法自2019年10月1日起施行。

2019年9月，陕西省通信管理局、省残联联合出台《关于支持视力、听力、言语残疾人信息消费的实施意见》（以下简称《实施意见》），视力、听力、言语残疾人信息消费优惠政策已在省内全面实施。《实施意见》规定，各基础电信企业对持有残疾人证的省内视力、听力、言语残疾人用户，在通话语音、手机上网流量、有线宽带等方面给予不低于普通用户50%的资费优惠。

　　自 2020 年 5 月 1 日起，江西省持证残疾人用户在各通信运营企业现行在售资费基础上享受五折优惠。各通信运营采取线上、线下以及上门服务等多种办理方式，畅通优惠资费办理渠道，优化办理流程，为残疾人提供便利。各设区市残联与通信运营企业配合做好优惠资费宣传，引导残疾人用户办理优惠资费。

表 3-1-1　各省市面向重点受益群体的信息消费优惠方案

各省市	实施时间	优惠内容
天津市	2017 年起	对具有天津市户籍，持证的视力、听力和言语残疾人，每月发放 30 元的通信信息消费补贴。
四川省	2017 年 11 月起	四川联通面向全省残疾人推出"助残爱心卡"服务，资费标准为 1 元 / 月。
广东省	2018 年 5 月	开展残疾人"信福卡"信息消费惠残活动，折扣低至 1.9 折。
北京市	2018 年 9 月	北京移动为残疾人免费开通朋友圈业务，可享受每月圈内主叫本地语音 3000 分钟。北京联通面向残疾人的套餐产品，折扣优惠低至 5.1 折。
贵州省	2018 年 6 月	对贵州省持证的视力、听力、言语残疾用户，在通话语音、手机上网流量、有线宽带等方面给予不低于普通用户 50% 的资费优惠。
浙江省	2018 年	视力、听力、言语残疾人申请办理爱心工程通信产品享受半价优惠。
河南省	2018 年	河南省郑州市为本地户籍且持有残疾人证的年满 16 周岁的视力、听力和言语残疾人每月发放 30 元的通讯补贴。
吉林省	2018 年 11 月	吉林联通推出残疾人专属 4G 卡"关爱套餐"，套餐低至 6 元 / 月。
甘肃省	2019 年 1 月	甘肃省兰州市为年满 16 周岁的视力、听力和言语残疾人每月发放 10 元通讯补贴。
湖北省	2019 年 5 月	湖北电信面向残疾人用户和残疾人家庭用户推出两种优惠套餐，套餐资费优惠最低 4.7 折。
江苏省	2019 年 5 月	江苏泰州移动推出"爱心福卡 2.0"，折扣低至 0.8 折。
深圳市	2019 年 1 月	深圳电信、联通、移动分别制定了多款惠残专属套餐与残疾人专属流量包、话音包，整体优惠比例超过 50%。
福建省	2019 年 9 月	在残疾人用户申请办理业务的次月起基本通信费用按当月应收通信费用的 50% 收取。
陕西省	2019 年 9 月	对持有残疾人证的省内视力、听力、言语残疾用户，在通话语音、手机上网流量、有线宽带等方面给予不低于普通用户 50% 的资费优惠。
海南省	2019 年 10 月	对视力、听力、言语残疾人给予不低于普通用户 50% 的资费优惠。
江西省	2020 年 5 月	持证残疾人用户在各通信运营企业现行在售资费基础上享受五折优惠。

第二节　信息无障碍终端产品供给

经过多年的努力，我国信息无障碍辅助产品的研究取得了较大进展。越来越多科技水平高、产品性价比优的智能化辅助器具、信息无障碍终端产品出现，为残疾人、老年人参与信息化的社会生活创造条件。

一、智能化辅助器具产品

从 1950 年 IBM 公司研发的可使半身瘫痪的人在打字机上打出文件的遥控键盘到现在的 VoiceOver 技术、读屏软件 HomePageReader 及 EasyWebBrowsing 软件等用途各异的辅助产品，越来越多的辅助产品对残疾人回归社会起到重要作用。基于视障人群的读屏软件、声控手机等电子产品融合了不同的高端技术，有针对性地服务于残障人群。家居产品、洗浴辅助器具、义肢和矫形器等针对身体有残缺的人群。从生活起居到康复训练，无微不至地呵护着残障人士的身心健康。

目前，中国盲文计算机系统阳光 v3.0 标准版已开发完成并正式发行，极大方便和提高了盲人使用与掌握计算机及网络技术。清华大学创建的康复工程研究中心研发了盲人的语音电脑、点显器等信息无障碍产品。民政部假肢科学研究所完成的《肢体残疾人、老年人康复服务信息系统》项目可在全国范围集成并建立可用计算机查询、上网浏览的，有关肢残人康复服务和辅助器具行业综合介绍的信息平台。电信运营商、网信企业等结合残疾人特点和需求，推出了信息无障碍产品和无障碍业务服务，研发了盲文计算机系统、盲人读书机、触摸屏幕、声控手机电话、残疾人用特殊软件等信息、通信技术和产品设备。同时，针对视障人群所研发的有声读物、乐谱、书籍等也在各图书馆出现，以满足残障人群的阅读需求。

总体来看，针对信息无障碍开展的信息获取和辅助产品主要有以下四类：

（1）视觉残障方面的信息无障碍产品。

盲用读屏软件：通过清晰的语音朗读提示用户操作电脑。软件不仅可以帮助弱视群体和盲人用户完全独立地操作计算机，而且使他们改变了传统的学习、工作、生活乃至思维方式。

蓝牙无线读屏装置：视障人士可利用蓝牙耳机实现读文件、听音乐、下载并朗读邮件、网上浏览、遥控关机等计算机操作，获取互联网上各种信息。

盲用智能阅读器：一款智能阅读设备，加入了人工智能模块和智能按键功能，用以识别各类纸制印刷文字。使用时候把报纸、书籍等阅读材料放进去，可以通过普通话发音读出来。

网页阅读器：一款网络浏览工具，借助语音帮助盲人和弱视人士浏览互联网，可以朗读网页上的内容，具有改变网页字体、字号、颜色等特殊功能。

网络搜音机：盲人、视障、老年人等可以通过网络搜音机收听各门户网站实时报道的新闻，收听学习和娱乐电子书、评书等信息，也可以收听MP3、WAV格式的音乐。

盲文电子显示器及盲人数字助理：围绕触觉和听觉补偿性通道开展盲用信息无障碍产品的技术研究，研制出具有自主知识产权的多语种盲文电子显示器和盲人数字助理。

快速盲文打印机：以紫外固化胶水为印刷介质、普通纸张为承印材料，将紫外光固化后的胶点作为盲文凸点字符，形成新型盲文制品。

（2）听力残障方面的信息无障碍产品。

手语播报系统：在2008年北京残奥会上首次使用，通过三维模拟动画做出的手语，聋人可以方便、快捷地获取网上信息，观看"手语奥运"。

听力评估系统：为听力障碍的人进行听力测试，使他们能够准确地了解自己的听力损失情况，方便进行听力障碍的治疗或康复训练。

听力补偿辅助系统：为佩戴助听设备（助听器、人工耳蜗等）的听力障碍人士提供服务，帮助听力障碍者屏蔽现场噪声，获得和正常人一样的听音环境，适合在大型活动场所使用。

电视数字手语系统：将自动合成中国标准手语3D动画序列图像有效嵌入电视节目中，完成虚拟人手语与电视节目的实时同步视频显示系统。

（3）语言及行为残障方面的信息无障碍产品。

无障碍汽车升降椅：通过在座位上附加电动转动升降装置，使座椅能够在水平及垂直方向上转动。这款产品无需对车辆的其他部件进行改造，在服务残疾人的同时并不妨碍其他使用者。

智力评估及康复训练系统：针对智力障碍儿童认知、运动、语言等方面进行评估的软件，根据结果制定康复训练教程，可作为评估者、康复训练师的诊断依据和参考。

（4）认知及其他残障方面的信息无障碍产品。

特殊人群综合监护系统：运用 GPS 卫星定位技术，可以对特殊人群实施高科技监护服务解决方案。通过使用终端定位器，让监护人实时了解被监护人的位置和行动路线。

二、信息无障碍手机、终端产品

（一）华为手机

在华为 P10 发布之时，EMUI 5.1 系统也随之出炉，这版本的最大亮点是对 EMUI 进行了专业的信息无障碍优化，一边满足用户多样化的体验需求，一边带动手机厂商关注科技人文化。

在 EMUI 系统（5.1 版本）中，除了专业的视障工程师测试，信息无障碍研究会找来大量的普通障碍用户试用，直接提供最真实的反馈及建议。经过无障碍优化之后，EMUI 5.1 的 TalkBack 用户体验更加优秀，带来了诸多创新亮点，比如：开机向导支持自主开启读屏（TalkBack），通过 TalkBack 可完成开机向导的各项设置；拨号盘内的数字按键支持抬手上屏，加快用户拨号效率；通知栏内的图标在编辑移动时可提示坐标。

2018 年 12 月 18 日，华为 Mate 20 系列经过中国泰尔实验室测试，通过《移动通信终端无障碍技术要求》认证。华为 EMUI 基于安卓对 TalkBack 进行了定制开发，结合视障群体的使用需求和习惯做了大量的优化工作，从而让视障人群能够更好地体验到华为手机的各项功能。

（二）小米手机

从 2014 年起，小米根据用户反馈，陆陆续续做了很多信息无障碍的手机功能改善。比如，视障人士在接听电话时无法准确找到滑动接听的按钮，小米用"一套系统，两套操作模式"的方式，只要手机开启了无障碍模式，滑动按钮就会自动变为点击按钮。

（三）锤子手机

2017 年，在锤子手机发布会上，推出了手机新系统的无障碍模式。锤子手机除了实现 Android 系统 TalkBack 的屏幕阅读效果，还结合了文字识别技术，让视障人士可以"听见"网站里的复杂图片和按钮，让他们有机会和普通人一样充分享受智能科技的便利。

锤子手机上实现了两个对视障人士非常实用的功能：文字识别和语音指令批处理。SmartisanOS 4.1 的文字识别功能，借助了扫描全能王的 OCR 技术，能识别按钮上的文字，甚至图片里的复杂信息，可以粗浅地把它理解为"图片翻译功能"。而语音指令功能，则可以在识别到指令类文字的情况下，对手机常用功能进行快捷操作，比如快速启动支付宝、微信的付款码，查询地图、读取网页信息等。

2019 年 10 月 31 日，坚果手机在其 2019 新品发布会上，宣布新版操作系统将新增"听觉无障碍"功能。坚果手机 Pro 3 用户可将操作系统升级至最新测试版本 SmartisanOS 7.2 以启动听觉无障碍功能。该功能通过语音识别技术，将本机或外部声源转化为文字，为接听电话、观看视频提供实时字幕信息。据悉，该操作系统正式版将于 12 月正式上线。

2019 年 12 月 13 日，搭载听觉无障碍模式的坚果手机 Pro 3 操作系统 SmartisanOS 7.1.5 版本正式上线。听觉无障碍功能运用了听见录音转文字技术，可以将手机系统内、外部发出的声音转化成文本字幕，并实时呈现在手机屏幕上。当接到电话时，听障用户可以将对方的声音转换成文字显示在手机上，同时可以在字幕窗口输入要表达的文字，再由系统实时转换成语音来应答，听见录音转文字技术的识别准确率高达 95%。此次版本更新正式新增了实时字幕功能、双击快捷键启动实时字幕悬浮窗功能，支持在听觉无障碍模式内使用快捷短语，新增实时字幕功能支持男 / 女声切换。实时字幕、无线 TNT 及阅读模式等功能也加入了快捷开关可选项。随着 SmartisanOS 的持续更新和不断升级，"听觉无障碍"模式也在变得更加人性化。

（四）OPPO 手机

OPPO 于 2017 年开始针对视障人群进行手机使用交互习惯研究，12 月针对 ColorOS 系统进行无障碍优化，R15 搭载的 ColorOS 5.0 版本已支持无障碍使用。

（五）中兴手机

中兴健康从一开始成立就立足自身技术优势，聚焦老年人与残障人士的基本需求，为上海残障人士提供语言识别、语音智能控制、盲人手机、智慧照护系统、养老助残 APP 和服务平台等系列高科技产品与服务，将科技融入生活，解决残障人士在实际生活场景的使用难题，真正为残障人士带来生活与信息的便利。

（六）广州爱奉者盲人阅读机

2013 年，广州爱奉者在阅读机科技领域取得突破，研发了第一款"盲人阅读机"，为视障朋友解决了纸质阅读的难题，在无障碍家居用品及个人护理设备中攻破了语音提示播报的难题，实现了部分小家电和保健护理设备语音提示的功能，为开发更尖端的无障碍用品奠定了良好的基础。爱奉者推出的视障人士电脑应用方案，支持读屏功能和盲文阅读器功能，可帮助视障朋友通过电脑学习、操作办公软件，上网、聊天、听音乐、看电影等。

（七）兴业银行盲人 ATM

盲人专用 ATM，采用全程语音导航服务模式，指导视障用户按照语音提示进行业务操作。视障用户插入耳机后，系统自动进入语音导航模式，视障用户按照语音提示内容进行相应业务操作办理业务。视障用户在进行业务操作时，可以选择关闭 ATM 屏幕显示，保护银行卡信息及交易安全。此外，ATM 出钞口、插卡口、凭条口等设备部位都增加了可触摸的盲文提示，方便视障用户操作。

第三节 互联网网站与移动互联网应用无障碍化

一、政务网站无障碍化

政府门户网站信息无障碍服务，是指所有访问政府门户网站的用户可以使用不同设备，快捷、方便地获得其在该网站所需要的信息的行为。开展政务信息无障碍交流环境建设，是消除残疾人、老年人获取政府信息和公共服务的障碍，帮助其融入信息社会，平等共享社会发展进步的福祉的基础保障。

为加快构建我国信息无障碍环境，提高各级政府的信息无障碍意识，实现政务信息更全面、更便捷地为人民服务，让所有人共享信息文明，在中央网络安全和信息化委员会办公室、工业和信息化部、民政部、住房和城乡建设部、中国残疾人联合会等多部门的指导下，"美丽中国——中国政务信息无障碍公益行动"启动。在经历了 2013 年示范阶段、2014 年推进阶段（"双百行动"）后，我国政府政务信息无障碍建设取得了可喜成果。外交部、交通运输部、人力资源和社会保障部等部委单位，北京市、新疆、海南、青海等省级人民政府，以及武汉市、贵阳市、苏州市、乌鲁木齐市等地方人民政府网站已经完成了无障碍建设，已完成 800 多个政府单位信息无障碍服务平台的建设，实现无障碍功能的网站数量达到 3 万多个。

2019 年，持续开展了全国公共服务网站无障碍建设情况及服务效能调查活动，并对全国各省（市、区）政务信息无障碍建设情况进行了公开发布。包括"省级政府门户网站无障碍服务能力指数""省级政务服务网站无障碍服务效能指数""各省县、区以上政府门户网站无障碍建设指数"和各省县、区以上政府门户网站无障碍客户端建设情况四项内容，全面检查网页内容在可感知性、可理解性、可操作性、健壮性和通用性方面的达标情况，并以盲人、聋哑人和阅读能力低下人士等特殊群体用户的实际操作为规范化建设评分基准。

二、移动互联网应用无障碍化

随着移动互联网的发展，人们越来越习惯使用手机上网娱乐、办公。手机已成为 95% 的视障用户常用的上网设备，视障网民经常使用手机上网聊天、社交、网购。与总体网民用户相比，视障网民对网购、音乐、生活服务的需求高于普通网民[①]。近年来，国内互联网企业开始重视移动互联网应用（APP）的无障碍改造工作。部分社交通讯类、网络购物类、生活娱乐类、新闻资讯类、金融服务类等 APP 都开展了无障碍改造工作，给残障人士带来了极大的便利。

表 3-3-1　无障碍优化 APP 名录

类型	典型 APP
社交通讯	QQ、微信、知乎
网络购物	淘宝、闲鱼、小红书
生活娱乐	QQ 浏览器、全民 K 歌、百度、美团、饿了么
新闻资讯	今日头条、腾讯新闻、天天快报
金融服务	支付宝、鹏华基金、平安保险、中信银行、随手记、中国建设银行
旅游出行	飞猪、百度地图、海南航空、滴滴、曹操出行
办公应用	钉钉、千牛、QQ 邮箱
学习教育	微信读书、起点读书

社交通讯类 APP 中，QQ、微信等在无障碍方面做了较多的探索。信息无障碍产品联盟发布的首个"可及"互联网产品信息无障碍评测中，QQ、微信位列前两名。QQ 先后推出 OCR 图片文字提取功能、QQ 空间图片语音即时描述功能等。前者可以提取图片中文字变为可编辑的文本，后者则能一句话描述图片，帮助视障用户"听"懂图片。QQ 目前已实现 2000 多个无障碍特性，全年超 6000 万人次使用，QQ 和 QQ 空间相关功能在 2018 年使用量已超过 1.6 亿次。

①2018 视障网民移动资讯行为洞察报告。

在网络购物类 APP 中，淘宝在主链路上尝试 OCR 能力，可以让视障用户听到图片的标签信息。截至 2019 年 3 月 1 日，淘宝日均视障用户数量在 40 万左右，"双十一"峰值人数达到 79 万人。2018 年，"双十二"当天，OCR 识别图片接近 1 亿张。

新闻资讯类 APP 中，字节跳动对今日头条 iOS、Android 两个版本的 APP 进行无障碍优化，全面优化适配了系统的读屏功能。视障用户开启系统读屏功能后，可以触摸屏幕，借助语音提示，与普通用户一样使用今日头条 APP，用听新闻的方式，接收今日头条的海量内容资讯。用听视频的方式播放视频。

金融服务类 APP 中，随手科技旗下个人财务管理 APP 随手记积极推进产品无障碍使用，通过支持 VoiceOver、TalkBack 等读屏工具，帮助视障人士更加轻松地使用手机记账、投资和学习财商知识，为他们提供优质的财务服务和金融服务。随手记通过推出语音记账功能，帮助视障人群方便、顺畅地使用手机记账，从而享受高效便捷的财务管理生活。

除现有的 APP 无障碍优化外，还涌现了多款专门服务于残疾人的互联网应用。例如，腾讯推出了专为视障人群定制的手游，包括专为视障人群定制的躲避飞行类听觉游戏《长空暗影》，以及模拟视障人群出行体验的公益手游《见》，既为视障人群提供更多游戏的乐趣，也让更多普通人能通过游戏的方式了解这一特殊人群；百度推出了盲人助手 APP "百度小明"，依托"百度大脑"的图像识别、人脸识别、语音识别以及深度学习等相关核心技术，结合百度大数据分析能力和自然人机交互技术，帮助盲人更便捷地获取日常生活信息，感知真实世界；音书科技推出了音书 APP，用于听障人士沟通交流，通过在 APP 中嵌入语音识别及语音合成等技术，实现听障人士的信息无障碍沟通，同时通过人工智能技术进行语言康复，进一步改善听障人士与外界沟通的现状。

第四节　标准与规范

　　信息无障碍相关标准的制定是我国信息无障碍建设所取得的重要成就之一。标准的颁布实施，为设计、研发信息无障碍产品提供了技术支撑，为推进政府从法律的角度实施行业监管提供了技术依据，有利于规范信息无障碍建设的整体环境，促进障碍群体的信息无障碍沟通。目前，我国发布的此类国家标准和行业标准已有20多项，内容涵盖终端设备、网站设计、服务系统等方面。

一、国家标准

（一）国家标准整体概述

　　在国家标准方面，2006年，工业和信息化部（原信息产业部）把信息无障碍工作纳入"阳光绿色工程"。中国信息通信研究院（原电信研究院）提出了信息无障碍标准体系框架，并在该框架文件的指导下，积极开展核心技术标准的研究工作，信息无障碍标准体系框架规划了面向基础环境差异人群、身体机能差异人群、行为习惯差异人群、语言文化差异人群的4个研究方向，每个方向上研究4类标准，即基础类、技术和产品类、服务系统类、测试评估类标准。基础类标准包括业务需求、导则、符号标识和名词术语方面的规范，为统一符号标识、名词术语等基本技术要素提供规范；技术和产品类标准为信息无障碍相关技术和产品研发提供技术依据；服务系统类标准对基于电信网和互联网的公共信息服务系统提出信息无障碍要求和技术依据；测试评估类标准为相关系统和产品的测试评估提供技术依据。

　　近年来，信息无障碍标准化体系持续完善，满足残疾人等特殊群体对网络服务的需求。在移动端方面形成了一系列的标准，《信息无障碍　第2部分：通信终端设备无障碍设计原则》（GB/T32632.2–2016）国家标准，《读屏软件技术要求》《信息技术：包括老年人和残疾人的所有用户可访问的图标和符号设计指南》《信息技术：用户、系统及其环境的需求和能力的公共访问轮廓框架》等国家标准。2020 年 3 月，《信息技术　互联网内容无障碍可访问性技术要求与测试方法》（GB/T 37668–2019）正式实施，该标准可以用明确的技术要求来统一规范互联网产品与服务，是我国互联网信息无障碍领域第一个国家标准。

表 3-4-1　我国信息无障碍国家标准列表

序号	标准名称	发布部门	编号	发布时间
1	信息技术　互联网内容无障碍可访问性技术要求与测试方法	国家市场监督管理总局、中国国家标准化管理委员会	GB/T 37668–2019	2019/8/30
2	信息技术：包括老年人和残疾人的所有用户可访问的图标和符号设计指南	国家市场监管总局、中国国家标准化管理委员会	GB/Z 36471–2018	2018/6/7
3	读屏软件技术要求	国家市场监管总局、中国国家标准化管理委员会	GB/T 36353–2018	2018/6/7
4	信息无障碍　第 2 部分：通信终端设备无障碍设计原则	国家质检总局、中国国家标准化管理委员会	GB/T 32632.2–2016	2016/4/25
5	公共信息导向系统　基于无障碍需求的设计与设置原则	国家质检总局、中国国家标准化管理委员会	GB/T 31015–2014	2014/9/3
6	标志用公共信息图形符号　第 9 部分：无障碍设施符号	国家质检总局、中国国家标准化管理委员会	GB/T 10001.9–2008	2008/7/16

（二）国家标准简要说明

1. 信息技术　互联网内容无障碍可访问性技术要求与测试方法

该项标准参考了 W3C WCAG（Web Content Accessibility Guidelines）的 2.0 与 1.0 版本。在借鉴国际标准的基础上，结合我国信息无障碍现状，对互联网内容无障碍可访问性的技术要求和测试方法做了规定，适用于互联网网页和移动应用产品的开发和测试。标准将技术要求中的各项指标按照其对无障碍访问的影响程度、普适性与扩展性、技术实现难度等因素进行了三个等级的划分。从互联网内容的可感知性、可操作性、可理解性维度划分了共 59 项指标。

2. 信息技术：包括老年人和残疾人的所有用户可访问的图标和符号设计指南

该项标准编制使用翻译法，等同采用 ISO/IEC TR 19766：2007[①]。标准中提出了相关图标和符号的设计建议，有助于实现老年人和身体机能差异人群等特殊群体的可访问性。

3. 读屏软件技术要求

该项标准用于指导读屏软件的开发和测试工作，在保障读屏软件的功能和质量方面发挥作用。标准从基本功能、快捷键、兼容性三方面对读屏软件作出了要求，规定了读屏软件应具备的功能和设计，并规定了读屏软件本身的基本设置、针对操作系统的基本功能、针对浏览器的基本功能、针对应用软件的基本功能等不同使用环境下的具体要求。

4. 信息无障碍　第 2 部分：通信终端设备无障碍设计原则

该标准对通信终端设备的无障碍设计提供了指导和要求。为满足身体机能差异人群的使用需求，对通信终端设备的信息无障碍设计提出了分类评估的原则。其中，通信终端设备包括公用电话、公共信息查询设备、移动通信终端、平板电脑等[②]。

5. 公共信息导向系统　基于无障碍需求的设计与设置原则

该标准提出了针对视力障碍、听力障碍、肢体障碍、智力障碍以及特殊需求（如儿童）的公共信息导向系统的设计和设置原则[③]。

6. 标志用公共信息图形符号　第 9 部分：无障碍设施符号

该标准对残疾人、老年人、伤病人及有其他特殊需求的人使用的无障碍设施的标志用公共信息图形符号作出了规定。标准适用于车站、机场、商场、医院、银行、学校、各类场馆等公共场所，规定了公共信息导向系统中的位置标志、导向标志、平面示意图等导向要素设计[④]。

二、行业标准

涉及电信网和互联网的技术、设施、服务、产品等方面的信息无障碍技

---

① ISO/IEC TR 19766:2007, Information technology—Guidelines for the design of icons and symbols accessible to all users, including the elderly and persons with disabilities. https://www.iso.org/standard/42128.html.

② GB/T 32632.2-2016，信息无障碍　第 2 部分：通信终端设备无障碍设计原则。

③ GB/T 31015-2014，公共信息导向系统　基于无障碍需求的设计与设置原则。

④ GB/T 10001.9-2008，标志用公共信息图形符号　第 9 部分：无障碍设施符号。

术的多项行业标准也在持续发布中。《网站设计无障碍技术要求》《信息无障碍　视障者互联网信息服务辅助系统技术要求》《视障者多媒体信息处理技术要求》《移动通信终端无障碍技术要求》等，这些标准从技术角度为有障碍人群提供信息普遍服务，保障有障碍人群的信息权益。

表 3-4-2　我国信息无障碍行业标准列表

序号	标准名称	发布部门	编号	发布时间
1	移动通信终端无障碍技术要求	工业和信息化部	YD/T 3329–2018	2018/10/22
2	信息无障碍　视障者互联网信息服务辅助系统技术要求	工业和信息化部	YD/T 3076–2016	2016/4/5
3	无线通信设备与助听器的兼容性要求和测试方法	工业和信息化部	YD/T 1643–2015	2015/7/14
4	网站设计无障碍技术要求	工业和信息化部	YD/T 1761–2012	2012/12/28
5	网站设计无障碍评级测试方法	工业和信息化部	YD/T 1822–2012	2012/12/28
6	信息无障碍　术语、符号和命令	工业和信息化部	YD/T 2313–2011	2011/5/18
7	信息无障碍　语音上网技术要求	工业和信息化部	YD/T 2098–2010	2010/12/29
8	信息无障碍　呼叫中心服务系统技术要求	工业和信息化部	YD/T 2097–2010	2010/12/29
9	信息无障碍　公众场所内听力障碍人群辅助系统技术要求	工业和信息化部	YD/T 2099–2010	2010/12/29
10	信息无障碍　用于身体机能差异人群的通信终端设备设计导则	工业和信息化部	YD/T 2065–2009	2009/12/11
11	信息终端设备信息无障碍辅助技术的要求和评测方法	工业和信息化部	YD/T 1890–2009	2009/6/15
12	信息无障碍　身体机能差异人群网站设计无障碍评级测试方法	工业和信息化部	YD/T 1822–2008	2008/7/28
13	信息无障碍　身体机能差异人群网站设计无障碍技术要求	信息产业部	YD/T 1761–2008	2008/3/13

《移动通信终端无障碍技术要求》，该标准对为残疾人、老年人研发无障碍移动通信终端所应满足的技术要求作出了规定，包括基本设计、系统设置和回复、文字编辑、文字缩放、交互操作、图形组件、表单、电话功能、短

信功能、语音处理等方面的无障碍技术要求[①]。

《信息无障碍 视障者互联网信息服务辅助系统技术要求》，该标准对视障者互联网信息服务辅助系统的系统构成方式、服务提供方式、服务功能要求、信息传送与处理等方面的技术要求作出了规定。标准适用于指导视障者互联网信息服务辅助系统的建设开发和测试验收工作[②]。

《无线通信设备与助听器的兼容性要求和测试方法》，该标准参考了 IEEE C63.19–2011《无线通信设备与助听器的兼容性要求和测试方法》，删除了原标准中与国内情况不符的地方。标准的目的在于建立助听器和无线通信设备的分类，便于向医疗保健从业者和助听器使用者指明何种助听器与何种无线通信设备兼容，用于评估助听器和无线通信设备的电磁特性[③]。

《网站设计无障碍技术要求》，该标准规定了满足无障碍上网的网站设计技术要求，包括网页内容的可感知要求、接口组件的可操作要求、网站内容和控制的可理解要求、内容对现有和未来可能出现技术的支持能力要求等。标准适用于网站提供无障碍服务时的设计、开发和管理[④]。

《网站设计无障碍评级测试方法》，该标准与 YD/T 1761–2012《网站设计无障碍技术要求》构成了网站无障碍设计的系列标准。标准描述了无障碍网站的评级评测方法，适用于网站设计的无障碍评级测试[⑤]。

《信息无障碍 术语、符号和命令》，该标准对信息无障碍中的术语、符号和命令作出了规定，可用于指导公共环境和服务的信息无障碍设计[⑥]。

《信息无障碍 语音上网技术要求》，该标准规定了利用语音方式访问互联网的技术要求，包括语音上网服务系统结构、设备功能要求、Voice XML 系统架构、语音标记语言格式、语音浏览器与语音服务器信息交换格式等。其中，标准规定的网页设计的主要技术原则与万维网（W3C）制定的 Voice XML 2.0 及 Voice XML 2.1 保持了一致[⑦]。

---

① YD/T 3329–2018，移动通信终端无障碍技术要求。
② YD/T 3076–2016，信息无障碍 视障者互联网信息服务辅助系统技术要求。
③ YD/T 1643–2015，无线通信设备与助听器的兼容性要求和测试方法。
④ YD/T 1761–2012，网站设计无障碍技术要求。
⑤ YD/T 1822–2012，网站设计无障碍评级测试方法。
⑥ YD/T 2313–2011，信息无障碍 术语、符号和命令。
⑦ YD/T 2098–2010，信息无障碍 语音上网技术要求。

《信息无障碍　呼叫中心服务系统技术要求》，该标准对呼叫中心信息无障碍服务技术要求作出了规定，其中包括无障碍呼叫服务平台的构成、参考模型、服务类型、无障碍呼叫核心系统要求、普通呼叫中心要求、服务流程、安全性要求等①。

《信息无障碍　公众场所内听力障碍人群辅助系统技术要求》，该标准规定了公共场所听障信息无障碍辅助系统的技术要求，包括助听环路系统技术要求和闪光振动提示系统技术要求。标准适用于指导公共场所听障信息无障碍辅助服务系统的建设②。

《信息无障碍　用于身体机能差异人群的通信终端设备设计导则》，该标准是"服务于身体机能差异人群的信息无障碍"系列标准之一，对信息无障碍终端设备的总体设计原则作出了规定。标准中的信息终端设备指与用户有人机交互接口和/或应用界面，能够支持通信和/或处理信息的设备或系统，包括但不限于个人终端、公话终端、ATM 机等③。

《信息终端设备信息无障碍辅助技术的要求和评测方法》，该标准分析了不同残障类型对辅助技术和辅助功能的要求，并对信息无障碍的辅助技术和辅助功能进行了分类，对目前主流信息无障碍辅助技术、辅助功能的技术要求和评测方法作出了规定④。

三、地方标准

深圳市制定了《深圳市信息无障碍标准》，标准在满足工业和信息化部以及 W3C 相关标准的要求的前提下，主要针对信息通信技术的硬件、信息通信技术中软件，在信息通信技术过程中支持性文档和服务以及 Web 网站网页等内容进行规范要求。

哈尔滨市制定了《哈尔滨市无障碍系统化专项规划设计导则》和《哈尔滨市信息无障碍专项规划设计导则》两项标准规范。其中，《哈尔滨市信息无障碍专项规划设计导则》是我国城市信息方面的第一部无障碍导则，这部导

---

①YD/T 2097-2010，信息无障碍　呼叫中心服务系统技术要求。
②YD/T 2099-2010，信息无障碍　公众场所内听力障碍人群辅助系统技术要求。
③YD/T 2065-2009，信息无障碍　用于身体机能差异人群的通信终端设备设计导则。
④YD/T 1890-2009，信息终端设备信息无障碍辅助技术的要求和评测方法。

则充分考虑了残疾人、老年人等社会特殊群体及全社会信息交流的无障碍需求。导则从"信息无障碍建设的目标和改造体系""建立兼容5G等先进技术的公共服务平台""基于人工智能的智能化信息无障碍"等11个方面进行了规范。导则充分体现"三容、三化"特征，"三容"就是与智慧城市建设兼容、与无障碍设施兼容、与智能设备兼容；"三化"就是实现信息无障碍建设智慧化、多元化、自主化，以此填平"数字鸿沟"。两个导则的发布，为全面深入推进城市无障碍环境建设，提供了坚实的技术保障。

第五节　社会意识

一、对残疾人的关爱力度不断加大

近年来，在政府部门的引导下，部分企业积极参与信息无障碍工作，利用信息技术保障残疾人权益，积极营造对残疾人友好的信息消费环境，社会氛围逐渐优化。

工业和信息化部自2009年起，组织中国电信、中国移动、中国联通向全国手机用户发送"全国助残日""爱耳日""预防出生缺陷日"等公益性宣传短信，同时鼓励电信和互联网企业积极开展信息无障碍业务。2015年，全国统一的12385残疾人维权热线开通，为维护残疾人权益提供了便捷的渠道。

电信运营商推出针对残疾人群的优惠和补贴业务，减轻了残疾人信息消费成本。目前，北京、河北、湖北、贵州、重庆等多省市运营商已推出面向特定人群的专属优惠。

互联网企业等积极履行社会责任，帮助残疾人创业就业。阿里巴巴、腾讯、京东、新浪等企业均推出了面向残疾人的专属岗位，并提供信息无障碍技术培训，在开展残疾人职业技能培训等方面提供了一系列服务。

二、多种形式宣传信息无障碍建设成果

政府部门和社会团体通过会议、论坛等形式广泛开展国际合作，宣传我国信息无障碍建设成果，普及信息无障碍理念。

每年一届的信息无障碍论坛凝聚了行业内的相关组织机构，科研机构、盲人服务机构、高校、行业组织、爱心企业、新闻媒体、残疾人代表等积极参与论坛活动。发布信息无障碍最新成果，为宣传信息无障碍理念，普及相关标准规范，推动无障碍产品和技术研发及应用等做出了贡献。

在国际会议上，自 2004 年至今，我国每年 4 月、10 月参与联合国教科文组织驻华代表处"关于保护残疾人士合法权益"等相关主题会议。在国际电联的支持下，自 2016 年起，每年在日内瓦"信息社会世界峰会（WSIS）"期间主办"信息无障碍国际研讨会"。2017 年信息社会世界峰会上，"中国政务信息无障碍服务体系"获项目大奖（Champion of WSIS Prizes 2017）。

"中国政务信息无障碍服务体系"旨在构建和完善政务信息无障碍交流环境，满足视障、老年人、行为能力有障碍的残疾人，以及文化程度较低人群的信息无障碍需求，为所有人提供政务信息多渠道、多终端的一站式服务；是以中国中央人民政府门户网站为核心，省、部委平台为支撑，是中国政府推动互联网信息服务惠及所有人群，保障所有人融入信息社会的大型公益项目。体系所采用的技术都是我国有关企业的自主创新技术，打破了对网页进行重写代码的传统手段，通过融合互联网智能技术，利用智能化云解析技术对网站网页进行批量无障碍化处理。

第四章

我国信息无障碍发展存在的问题

第一节　政策法规与标准规范

一、法律法规体系有待健全

健全的法律法规体系对推进我国信息无障碍行业规范化、标准化，提升信息无障碍治理效能和水平具有重要作用，目前我国尚未设立专门针对信息无障碍的法律法规。

我国以《残疾人保障法》为基本法律，出台了一系列政策法规。在《无障碍环境建设条例》《无障碍建设"十二五"实施方案》等政策法规中对如何保障残疾人获得信息资源进行了阐述。但是在信息无障碍建设上，我国信息无障碍法律法规保障体系还存在以下几方面的问题：一是立法具有滞后性，信息无障碍是 2000 年在八国首脑会议的《东京宣言》中提出的，而"信息无障碍"一词直到 2006 年才开始正式出现在我国的行政法规中，目前还缺乏与信息社会发展相适应的无障碍法律。二是从法律法规体系上看，立法内容模糊、宏观、零散，缺乏系统性，实践操作性较弱。与信息无障碍建设直接相关的立法规定零散地分布于一些法律法规、规章的少数条款中。没有一部国家级法律法规比较系统地对信息无障碍建设涉及的相关问题进行规定。同时，从立法层次上看，法律法规偏少，规范性文件居多，对其法律效力有一定的影响。三是法律法规的适用性与可操作性不强，政府、公共服务机构和企业在信息无障碍建设中的具体角色没有得到明确定位。另外，目前国内还缺乏专门针对信息无障碍工作的激励措施。财税、金融、投融资、人才培养等方面相应的政策还有待细化和进一步落实。

二、标准均为推荐性标准，约束力不足

我国虽已发布了多项信息无障碍相关标准，但目前发布的信息无障碍相

关的标准均为推荐性标准，约束力不足，受重视程度不高。

我国无障碍标准体系起步晚，发展缓慢，2006年，中国通信标准化协会设立首批信息无障碍标准化研究课题，远落后于国际发展水平。标准体系滞后于需求，是导致信息无障碍应用迟迟难以落实的重要原因。并且，信息无障碍标准的推行缺乏力度与保障。虽然目前我国已经建立起了初步的无障碍标准体系，但推广和落实速度并不乐观。现在很多标准之所以能受到社会和企业的重视，是因为其具有一定的强制性色彩，职能监管部门在日常工作中时时加以监督，而信息无障碍标准目前均为推荐性标准，推荐性标准内容的针对性、实用性较弱，相关企业直接参考标准执行的操作难度较高。并且，推荐性标准缺乏落地实施的措施，没有相应的评估考核基准，标准推行难度较大。随着信息技术的不断发展，5G时代移动终端和大数据、云计算以及物联网将改变现有技术格局，但与之匹配的信息无障碍技术标准却是严重滞后的。

第二节　电信服务

一、信息消费优惠政策落地执行方面

目前，多省市已经出台针对老年人、残疾人群体的信息消费补贴政策，但在落地执行中还存在一些问题。一是资费套餐可选择性较小，运营商的普遍做法是向残疾人推出特定专属优惠资费，而非采用对现有套餐给予折扣，且专属套餐种类较少，难以满足残疾人个性化需求。二是电信运营商系统与残疾人基础信息数据库未打通，残疾人身份不能即时识别，需要运营商将残疾人入网信息反馈给残联，进行人工比对校验才能确认，给业务办理增加了难度。三是办理渠道有限，残疾人需本人或通过代理人在部分自有营业厅现场办理资费优惠，无法网上办理。

二、电信服务无障碍方面

一是老年人、残疾人等通过互联网办理电信业务困难。目前，三大基础电信运营商的网上营业厅 APP 均未进行无障碍优化，难以满足障碍群体在家办理电信服务的需求。残疾人对智能手机的依赖性较大，网上选套餐、充话费、买流量等这些电信业务的办理比普通人会更加频繁。并且由于残疾人出行相对不便，通过网上营业厅办理这些服务显得尤为重要，加快电信运营商网上营业厅平台的无障碍改造是残障群体的普遍诉求。二是线下办理电信业务渠道的无障碍设施有待优化，无障碍信息交流服务手段缺乏，远不能满足残疾人到店办理的需求。三是缺乏大字账单、语音盲文账单等服务。

第三节　终端产品

一、无障碍终端普及率不高

目前被广泛使用的通信产品，对于视障者、听障者、老年人等而言都存在着一定程度的障碍，并且性价比高、易于操作的通信终端产品较少，市场

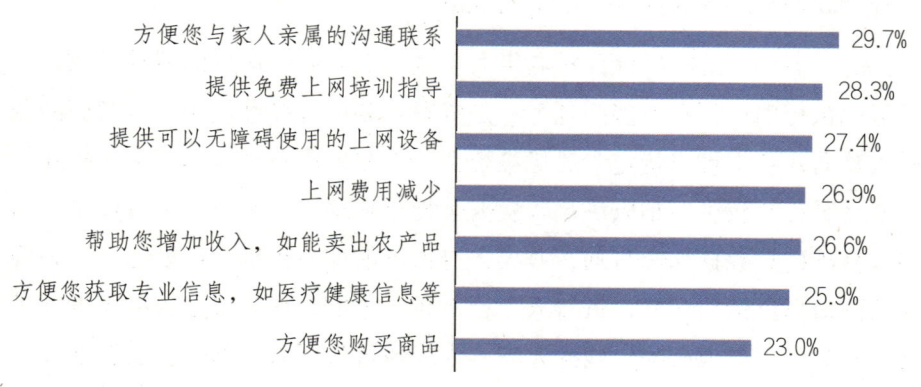

图 4-3-1　非网民上网促进因素

有效供给不足。第 45 次《中国互联网络发展状况统计报告》指出，27.4% 的非网民认为配备可无障碍使用的上网设备后愿意上网。

二、信息无障碍终端市场有效供给不足

市场上供视障、听障等群体选择的智能手机终端类型还比较少。手机终端信息无障碍标准并非国家强制标准，是否开发无障碍功能对手机入网、上市无直接影响。并且，出于投资效益的考虑，终端生产企业难以对所有产品做到信息无障碍全覆盖。一般而言，苹果手机的无障碍优化要优于安卓系统的手机，但苹果手机价格较贵。安卓系统的手机中，目前仅华为、OPPO 的部分较新款型无障碍功能较为完善，安卓端手机厂商众多、产品纷繁复杂，许多终端产品还未考虑信息无障碍功能的开发，仅约三分之一的安卓系统手机，视障使用者可顺畅使用。

第四节　互联网应用

一、非政务网站无障碍化率较低

我国开展了多项政务信息无障碍行动，推动政务网站无障碍优化。但公共服务网站，包括新闻媒体、金融服务机构、电子商务企业等网站的无障碍进程还较为落后。

除了在线办理政务、浏览政策信息外，视障群体也有通过互联网体验丰富多样的社交娱乐活动的需求，76% 的视障用户会通过互联网聊天，55% 的视障用户通过互联网浏览信息，他们的在线社交活动还包括发布原创内容、参与在线讨论等[1]。但这些应用大部分还没有经过无障碍优化，除腾讯、阿里

---

[1] 腾讯、信息无障碍研究会：《视障人士在线社交报告》。

巴巴等大型互联网企业外，其他中小型企业的无障碍意识还较为缺乏。很多互联网公司缺乏主动支持无障碍服务的意识，将产品无障碍化改造当作产品的情怀功能，而并非基础功能或 Bug 去对待。另外，这类网站的无障碍改造并非强制性要求，也并非企业自身经营刚需。尤其中小型企业，很难将资源投入到信息无障碍的建设中。

二、移动互联网应用无障碍化体验较差

在互联网应用方面，越来越多地使用多媒体元素和图形用户界面，这些元素基本没有考虑无障碍设计，给视障用户带来很大的困难。83% 的视障用户认为移动新闻产品存在操作不方便的问题[1]。大部分视障用户对网购、社交、生活娱乐等 APP 无障碍程度感觉不够满意，其中仅 18% 的视障用户对互联网出行服务满意 / 较为满意，16% 的视障用户对互联网金融服务满意 / 较为满意。读屏软件难以读出全部内容、软件间难以完全兼容、无法获取图片中的信息、验证码验证难以操作等是视障用户使用 APP 遇到的最主要的问题[2]。相比我国互联网应用市场百万级的应用存量，现有可用的无障碍应用仍十分稀缺。在 60 款常用 APP 中，无障碍体验良好、体验一般、体验较差分别占比 20%、50%、30%。

表 4-4-1　常用 APP 无障碍测评情况

	体验良好	体验一般	体验较差	总计
办公应用类		1		1
金融服务类	2	7	3	12
旅游出行类		3	1	4
社交通讯类	2		4	6
生活娱乐类	3	7	7	17
网络购物类	2	9		11
新闻资讯类	2	3	3	8
学习教育类	1			1
总计	12	30	18	60

---

[1] 腾讯网产品研发中心、酷鹅用户研究院、信息无障碍研究会：《2018 视障网民移动资讯行为洞察报告》。

[2] 腾讯、信息无障碍研究会：《视障人士在线社交报告》。

　　主要原因为：一是移动端应用无障碍标准的缺失，使得开发团队缺乏可借鉴的经验与技术；二是一款应用的开发人员往往分布在不同部门，企业自身开发过程便存在着实施协调的困难；三是企业由于自身技术、资金、人力的限制，往往只能对某一款应用的核心功能优先进行无障碍改造；四是改造完成后，运营维护不到位。

表4-4-2　常见APP无障碍现状及存在的问题

类型	名称	无障碍优化现状
新闻资讯类	今日头条	无障碍程度较好，但仍存在较多的影响障碍用户使用的问题，需要进一步改进，如：点击视频区域，播放器控制界面消失过快，头条钱包内的各个入口按钮存在重复焦点，评论工具栏中的表情、AT、分享等按钮无标签。iOS端能基本满足障碍用户的资讯获取需求，但无障碍方面仍存在一些问题，需要进一步优化。
	腾讯新闻	无障碍情况良好，看视频、读新闻等主要功能均可较为顺利地完成，但仍存在浮窗可浏览到底层界面元素，部分按钮无标签等问题。
	新浪微博	无障碍情况不太好，Android端大量控件无标签，底部标签选中状态无朗读。iOS端有大量控件无标签，图片无描述文本，浮层弹出后，仍然能触摸到底层变灰元素。
	知乎	无障碍情况不好，存在的最严重的无障碍问题是首页的问题和答案均无法在开启voiceover的情况下打开，同时也存在着诸如部分按钮缺少标签等其他无障碍问题。
	新浪新闻	无障碍体验不算理想，存在部分问题严重影响用户使用，Android端多个界面的元素存在无标签情况。iOS端存在"设置内的开关无法操作"。
	凤凰新闻	Android端无障碍体验较好。但软件中存在较多的按钮标签缺失，还有少量的元素无焦点、控件状态缺失、控件类型不当等问题，可感知性、可理解性、可操作性均有不足。iOS端无障碍体验一般。软件中存在较多的按钮标签缺失和焦点布局不恰当，还有少量的元素无焦点、控件状态缺失、焦点顺序不当等问题，可感知性、可理解性、可操作性均有不足。在功能使用方面仅支持基本的浏览，在评论、点赞、视频播放控制等方面存在不同程度的障碍。
社交通讯类	网易新闻	Android端无障碍体验较好。软件中存在多种类型的无障碍缺陷，包括元素无焦点、标签错误、焦点顺序不当、控件类型缺失等，可感知性、可操作性、可理解性均有不足。读屏用户可以完成基本的阅读新闻和看视频操作，交互功能尚需完善。iOS端无障碍体验一般。软件中存在多种类型的无障碍缺陷，可感知性、可操作性、可理解性均有不足。读屏用户可以完成基本的阅读新闻和看视频操作，但体验并不好。
	趣头条	无障碍情况不好，Android端有大量控件无标签，视频播放时无闪避；iOS端浮层弹出后仍然能触摸到底层变灰元素，大量控件无标签。

类型	名称	无障碍优化现状
社交通讯类	微信	无障碍情况良好，部分分隔符未被忽略，稍微影响用户体验，会话列表的抽屉弹出后，仍然能触摸到底层元素。
	QQ	无障碍情况良好，但仍存在部分控件无标签，个人资料页面部分焦点安排不合理等问题。QQ 是最早考虑将无障碍优化纳入研发流程的产品，长期投入优化，因此成为障碍用户使用最多、口碑反馈良好的社交产品。
	陌陌	无障碍情况不好，陌陌因为软件中存在大量控件缺少标签信息或朗读为英文等问题，并且部分控件缺少焦点或缺少独立焦点，导致视障者无法感知界面元素，甚至无法进行返回操作，工程师评分与用户评分都很低。
生活娱乐类	移动网上营业厅	无障碍情况较差，无法使用。iOS 端首次安装，协议界面，"立即开启"无焦点，无法在旁白下点击"立即进入"按钮。首页标签，"流量直冲"等入口，ICON和文字都存在焦点，影响操作效率。Android 端首页底部的各个标签，无法读出名称，如"首页"标签，无法读出"首页"，用户无法得知标签的作用。
	联通网上营业厅	无障碍情况较差，无法使用。Android 客户端所有界面左上角的"返回"按钮无标签"返回"。iOS 端首次进入，欢迎界面无朗读，"立即体验"按钮无焦点，用户无法点击跳过。
	电信网上营业厅	无障碍情况较差，无法使用。Android 客户端，首页在读屏下严重卡顿，难以使用。修改服务密码表单，存在图形验证码，视障用户无法完成。iOS 端更新进入，欢迎页旁白下无法跳过，无法使用三指向右翻页，"立即体验新版本"按钮无标签，仅朗读为按钮。话费充值界面，面值选项朗读为乱码，无法完成指定面值的充值。
	腾讯视频	勉强可用状态，无障碍情况亟待优化。iOS "搜索"模块基本不可用，顶部底部引导基本可读，部分过于啰嗦，如点击首页会读"标签，首页，按钮"。"精选视频"主要存在一个大焦点覆盖多个推荐视频的问题，点击播放出现连读甚至不读，也无跳转其他页面，无法区分选择。存在无法自动聚焦在新弹出的登录页面，iOS 端焦点能读，但是登录失败。
	爱奇艺	无障碍情况不好，"搜索"模块，iOS 基本不可用，"精选视频"主要存在一个大焦点覆盖多个推荐视频的问题，点击播放出现连读甚至不读，也无跳转其他页面，无法区分选择。Android 端"搜索"有焦点不可读，只能尝试摸索。
	优酷	无障碍情况不好，iOS 端"搜索"模块基本不可用，"精选视频"主要存在一个大焦点覆盖多个推荐视频的问题，点击播放出现连读甚至不读，也无跳转其他页面，无法区分选择。iOS 端里"我"的界面基本不可用，而在Android 端第三方快捷登录处只读英文，开通会员处多个关键按钮朗读错误，无法用。
	YY	无障碍情况非常差，iOS 端直播界面几乎不能操作，一旦有人刷弹幕程序就刷新，大量控件无替代文本。Android 端进入直播间焦点不断地跳转，用户无法正确操作，大量控件无替代文本。
	抖音	无障碍情况良好，登录无阻塞，弹出收藏和下载菜单无阻塞，无法查看观看历史，首页，三指上下滑动可连续浏览视频，并且视频标题等信息可朗读，评论可查看，可回复，可发表，摸到视频，可标记我喜欢，发送接收私信没问题，分享、拍摄小视频基本无阻塞。

类型	名称	无障碍优化现状
生活娱乐类	快手	无障碍情况一般，大量图片按钮没有标签；有状态的控件，旁白无法检测控件的当前状态；登录后触摸各个标签页下的控件没有焦点；扫动方式能浏览当前不可见的界面控件，如能在发现标签页浏览到"家长控制模式"。2019 年 8 月开始无障碍优化，快手已对登录、个人中心、关注 / 发现 / 同城标签的一级界面、视频详情页四大模块进行了无障碍优化。
	腾讯微视	无障碍情况较差，登录勉强能完成，底部点赞评论等按钮无标签，收藏，观看历史无法查看，下载也无法进行。拍视频有阻塞，滑动浏览不顺畅，甚至会导致读屏没声音等情况，总体较差。
	西瓜视频	无障碍情况一般，登录注册基本能完成，观看历史没问题，我的收藏没问题，但是收藏按钮无标签，滑动没问题，首页视频标题摘要不能朗读，评论等按钮都没有标签。读屏有时读不了，体验一般。
	哔哩哔哩	无障碍情况一般，无法自动聚焦在新弹出的登录页面，这对于大多数视障用户来说是无法完成的。开通会员页面因无法找到入口而无法开通，就算手动引导焦点也不能解决问题。搜索模块无焦点，iOS 基本不可用。但"国际版"Bilibili 无障碍情况优良，界面简单，无广告。
	网易云音乐	无障碍体验良好，用户可以较为顺畅地使用其提供的功能。但也存在一些问题，比如，歌曲播放页，底部"播放"按钮的焦点顺序与视觉顺序不符。 视频标签界面的所有视频均无标签。底部已选中的标签入口无状态提示。播放视频时，视频的声音无法闪避。首次打开的引导界面可访问到底层界面元素。未提供字体缩放功能，不利于老年用户、弱视用户的使用。
	酷狗音乐	无障碍体验较差，软件中的非文本按钮均未加标签，大量界面可以访问到底层元素，导致读屏用户无法理解元素功能或对界面层级理解出错。 用户仅能顺畅浏览列表类元素，其余功能均存在不同程度的使用障碍。
	QQ 音乐	无障碍使用体验一般，存在一些问题，比如主界面右上角菜单未给空白区域设置焦点，导致开启旁白之后无法退出菜单。未提供字体缩放功能，不利于老年用户、弱视用户的使用。
	喜马拉雅听书	Android 端无障碍情况一般，很影响用户体验的问题是首页刷新时，会不断地跳焦点。iOS 端无障碍情况良好，存在最大的问题是，部分控件无标签，用户无法得知该控件的作用。
	荔枝 FM	无障碍体验非常不理想，Android 端主要存在元素无标签、当屏幕阅读器发音时播放的内容会卡顿等问题，严重影响着用户使用。iOS 端主要存在元素无标签、部分界面无法响应屏幕阅读器手势操作等问题。
	百度	无障碍情况很差，界面上有较多无标签的按钮，且与辅助技术的兼容方面也存在一定问题。
	搜狗	无障碍体验不太理想，主要问题集中为大量功能按钮没有添加标签、浮窗弹出后可访问到底层界面元素等。
	QQ 浏览器	无障碍体验良好，iOS 端大部分页面均可正常访问，但存在部分严重问题影响使用，例如设置等部分按钮无法响应屏幕阅读器双击激活手势，用户无法切换开关项。Android 端大部分功能均可以使用，唯一不足的是多个包含图标的入口存在冗余提示图标。

类型	名称	无障碍优化现状
网络购物类	淘宝	无障碍体验良好，国内最早投入无障碍优化的购物 APP，但其无障碍也存在着一些问题。如，宝贝详情界面，标题旁的"分享"按钮无标签，普遍存在弹出的浮层可触摸到浮层下元素的情况。
	天猫	无障碍体验一般，测评的版本对无障碍支持存在部分问题。如，宝贝详情界面，点击配送区域后，仅能浏览到底层界面内容，弹窗界面内的元素均无焦点；此外，"我"的标签下，设置等关键入口无标签，用户难以定位入口。
	京东	无障碍优化较好，2020 年开始针对 APP 进行无障碍优化，障碍群体能够操作使用。曾无障碍存在着较大的问题。如主界面进入领券，旁白失效，所有旁白手势失灵，商品增加、减少的按钮无标签，商品详情界面顶部的分享、评价等按钮无标签。
	拼多多	无障碍体验不理想，多个无障碍问题影响用户使用，例如搜索标签内的大图分类无焦点、商品详情界面的"购买""加入购物车"等按钮无标签等。
	唯品会	无障碍体验并不理想，存在焦点设置不准确、浮窗弹出可访问到底层界面等较为影响用户使用的问题。
	苏宁易购	APP 无障碍体验一般，残障用户可独立完成整个购物的流程。但 APP 本身仍然存在较多无障碍问题影响用户使用，例如商品详情界面顶部的商品视频无法自由控制播放 / 暂停、商品详情界面部分商品属性无法选择等。
	小红书	无障碍情况一般，主流程跑下来没什么问题，但是仍然有部分按钮没有加标签，导致旁白会读乱码。
	饿了么	无障碍情况一般，Android 版浮层弹出后，仍然能触摸到底层区域，下方四个标签选中后无法朗读选中状态。iOS 版商品规格无法选择，浮层弹出，仍然能触摸到底层变灰元素。
	美团	无障碍情况一般，Android 版大量控件无替代文本，首页 Baner 图无法朗读，当有项目刷新时，读屏焦点会丢失。iOS 版底部标签无法朗读选中状态，广告浮层弹出后，仍然能触摸到底层变灰元素，我的标签，除了设置按钮外，其余按钮都无法朗读出正确的标签。
	口碑	无障碍情况一般，Android 版大部分问题存在于按钮无标签，头像朗读乱码等问题。iOS 版无障碍情况良好，比较严重的问题是，很多按钮无替代文本，导致用户无法得知按钮的用途。
	大众点评	无障碍情况一般，Android 版界面刷新时，读屏焦点会丢失，电影票界面，所有图片都无标签，iOS 版升级浮层弹出后，仍然能触摸到底层变灰区域，电影票选择时间界面，选中日期无法朗读出选中状态。
金融服务类	支付宝	无障碍情况良好，无障碍水平长期保持稳定状态，将无障碍纳入正常的研发流程中，同时针对优化了密码键盘读屏功能，让用户正常使用的前提下，对数据进行了实时防护。
	中国工商银行	无障碍不太好，大部分流程都有阻塞情况，如登录 / 注册无阻塞；转账 / 汇款有阻塞；信用卡还款有阻塞；充值 / 生活缴费有阻塞；中国工商银行具有智能语音助手，但语音助手并不无障碍。

续表

类型	名称	无障碍优化现状
金融服务类	中国农业银行	该 APP 无障碍体验一般，存在较多无障碍问题影响用户使用。登录／注册流程中的密码安全键盘无法响应屏幕阅读器激活手势，用户无法输入登录密码，完成登录／注册流程；积分商城内的大部分商品均无标签，用户需要打开商品详情才可获知商品名称；充值／生活缴费暂未找到入口，无法测试。
	中国建设银行	无障碍情况良好，如登录／注册无阻塞；转账／汇款无阻塞；信用卡还款无阻塞；充值无阻塞；无障碍功能，语音银行。
	中国银行手机银行	无障碍情况不太好，如登录／注册有阻塞；转账和汇款有阻塞；信用卡还款有阻塞；充值生活缴费有阻塞；无特色功能。
	中国邮政储蓄银行	无障碍情况一般。主要无障碍问题如下：界面所有非文本控件无标签；欢迎页无法聚焦；各标签功能引导浮层能访问到底层；底栏标签状态缺失。
	交通银行	无障碍情况不太好，如登录和注册无阻塞；转账汇款有阻塞；购买过程有阻塞；充值和生活缴费有阻塞；无特色功能。
	招商银行	整体无障碍体验一般，页面存在大量的文本信息，可以较好地传递给障碍用户，但大部分图形元素缺少标签，用户难以获取到相关的信息。注册、登录、转账等业务流未发现阻塞性的缺陷。首页中理财、生活等栏目仍存在较多影响使用的问题。
	中信银行	无障碍情况一般，主要存在登录界面的图形验证码无法跳过，部分控件元素没有标签等问题，但由于该 APP 增加了语音助手的功能，障碍用户可以通过该功能使用到中信银行较为高频的一些功能和服务。
	浦发银行	无障碍程度较为一般。首先，软件与旁白存在严重的兼容性问题，当完成欢迎界面根据提示开启麦克风权限后，旁白声音进入听筒播放，严重影响操作。其次，APP 内存在大量浮窗穿透问题，如登录失败、超时提示等。再者，转账等功能的数字键盘，按键朗读为英文代码，无法得知按键上的数字，对金额输入造成了极大的障碍。
	平安口袋银行	无障碍体验较差。平安口袋银行是平安旗下面向用户非常重要的线上银行窗口，存在多种影响障碍用户使用的问题。登录／注册流程中存在图形验证码；绑卡／开卡流程中无阻塞问题。
	华润银行	Android 端无障碍体验一般，存在部分严重问题影响体验。登录／注册流程仅提供了图形验证码，未提供其他验证渠道，最严重的问题在于安全键盘无独立焦点，无法自主输入登录密码；账户／转账流程存在阻塞，安全键盘无焦点；Android 端华润银行 APP 目前最影响产品使用的缺陷为安全键盘无焦点。iOS 端华润银行大焦点覆盖情况严重，整体无障碍表现较 Android 端要好。
旅游出行类	铁路 12306	无障碍情况不太好，Android 端验证码、欢迎页跳过按钮无标签。iOS 端有图形验证码，部分按钮无标签，部分标签无选中状态提示。
	携程旅行	无障碍情况不太好，iOS 端大量控件朗读乱码或无标签，浮层弹出后，仍然能触摸到底层变灰元素。Android 端有大量控件无替代文本，影响用户体验，包括首页的 Baner 图，酒店的各个单选框也无标签。

续表

类型	名称	无障碍优化现状
旅游出行类	飞猪旅行	无障碍情况一般，iOS端大量控件无标签，底部标签选中状态不朗读。Android端大量控件无替代文本，首页会不断刷新导致读屏焦点丢失。
	高铁管家	无障碍情况很差，iOS端无障碍情况特别糟糕，基本不可用的状态。Android版，有大量控件无替代文本，部分标签选中状态无法朗读。
办公应用类	WPS	无障碍情况一般，部分控件内容无法朗读，朗读乱码无标签，提示按钮。
学习教育类	微信读书	无障碍体验良好，iOS端存在部分问题影响着用户使用，例如"漫画""小说"等正文内容无焦点，用户无法使用屏幕阅读器查看、部分界面功能按钮没有标签、用户无法获知按钮的含义。Android端存在部分问题严重影响着用户使用，例如"漫画""小说"等正文内容无焦点，用户无法使用屏幕阅读器查看、部分界面功能按钮没有标签、用户无法获知按钮的含义。

第五节　公共服务设施

一、无障碍标识缺失或设计不合理

很多城市针对信息交流无障碍开展了部分工作，但设施设备的设计之初缺乏考虑老年人、残疾人等特殊群体的需求，存在着许多不符合老年人、残疾人使用习惯的无效设计。大部分城市的公共场所未设置盲文标识、紧急呼叫按钮、电子显示屏等信息无障碍设备。或者标识的位置、表达的内容不合理或错误，例如地铁无障碍卫生间的盲文标识无法读取，信息呼叫系统的位置难以找到等。

二、信息无障碍设施维护不到位

公共服务领域的信息无障碍设施设备维护不到位，弃用问题严重。无障碍设施设计、建设、验收过程中老年人、残疾人等群体的参与不足，设计人员难以体会老年人、残疾人使用的真实体验。城市信息无障碍的建设存在着"重建设、轻维护"的问题，例如，在公交导盲方面，公交导盲系统的升级不能及时与公交车路线调整、公交车更新换代等进行适配，有的城市投放的公交导盲系统，只有 10% 左右能正常使用。

第六节　社会氛围

一、全社会信息无障碍建设意识有待加强

信息无障碍是一个社会性的概念，它与每一个社会成员，无论是政府及其部门、相关企业、障碍群体，抑或是学者、研究人员都息息相关。一方面，很多互联网公司缺乏主动支持无障碍服务的意识。另一方面，全社会对老年人、残障人等的信息需求了解不够，对于正常人而言，感同身受老年人、残疾人等在信息社会中的痛点是十分困难的事情，对信息无障碍的内容、作用了解与认识不足。信息无障碍是平等社会的基本权利，信息无障碍建设也是不可推卸的社会责任。在信息无障碍建设进程中，还需通过各种渠道宣传无障碍的基础理念，增强公众的信息无障碍意识。

二、信息无障碍相关教育体系缺乏、人才短缺

信息无障碍建设涉及领域广泛，关系人们生活的方方面面，需要大量的复合型人才。一方面，信息无障碍教育体系的缺失和相关理念、知识的普及不够。我国电子信息类院校和学科缺乏信息无障碍内容，学生作为未来的工程师接触不到信息无障碍的知识、方法和技术，缺少信息无障碍技术的研究，因而导致信息无障碍专业人才严重匮乏。另一方面，互联网公司缺乏无障碍技术的工程师，更缺乏由残疾人组成的专业的测试团队。从事信息行业的专业人员缺乏无障碍理念和技术，信息产品和服务通用设计或无障碍考虑不足，不能充分满足残疾人的信息化需求。同时，老年人、残疾人等平均文化水平较低，信息化知识匮乏，也在一定程度上影响信息无障碍的发展进程。

第五章

信息无障碍发展前景与趋势

第一节 信息无障碍产业化发展

信息无障碍产业包括为老年人、残疾人、偏远地区居民等群体提供相关终端产品、软件和信息技术服务，开展研发设计活动的相关产业的集合。我国信息无障碍产业尚处于起步阶段，蕴含着巨大的市场空间。在利好政策驱动、老龄化程度加深等背景下，信息障碍群体对信息无障碍相关产品和服务的需求趋于多样化，信息无障碍呈现产业化的发展趋势。

一、信息无障碍产业化发展趋势

（一）我国多项政策为信息无障碍产业化发展带来利好

近年来，从中央到地方都在密集释放刺激信息消费信号，出台了一系列政策，深挖内需潜力，促进消费扩容提质，推动产业消费"双升级"，为信息无障碍产业化高质量发展夯实基础。

面向养老市场，各相关部门均出台了多项政策推动养老产业发展，促进养老服务消费。《关于进一步扩大养老服务供给　促进养老服务消费的实施意见》指出：要创新和丰富养老服务产业新模式与新业态，拓宽发展养老服务产业的资金渠道，有条件的地方可探索设立养老服务产业发展基金，引导国有资本、社会资本等广泛参与发展养老服务业。《关于促进老年用品产业发展的指导意见》提出：到 2025 年，老年用品产业总体规模超过 5 万亿元的发展目标，通过鼓励地方政府与社会资本合作建立产业基金、加强对老年用品产业的融资支持、优化消费环境等手段推动老年用品产业发展。智慧健康养老应用试点示范评选已连续开展三年，通过示范引领，推动"智慧"与"养老"深度融合，释放产业发展的乘数效应。

针对残疾人需求，《关于加快发展康复辅助器具产业的若干意见》提出了到 2020 年，产业规模突破 7000 亿元的目标；提出以需求为导向，发挥各类市场主体积极性和创造力，扩大市场有效供给，促进康复辅助器具产业优化升级。鼓励有条件的地方研究将基本的治疗性康复辅助器具逐步纳入基本医疗保险支付范围，支持商业保险公司创新产品设计，将康复辅助器具配置纳入保险支付范围，启动康复辅助器具社区租赁服务试点。《关于支持视力、听力、言语残疾人信息消费的指导意见》要求各级残联要协调相关部门从加大投入、税费减免、规划研究等角度，鼓励支持相关信息无障碍产品研发、生产、推广、应用，为视力、听力、言语残疾人接受信息、沟通交流，更好地参与生产生活创造条件。

面向贫困地区、民族地区等农村及偏远地区市场，《关于进一步扩大和升级信息消费持续释放内需潜力的指导意见》提出支持企业推广面向低收入人群的经济适用的智能手机、数字电视等信息终端设备。推介适合农村及偏远地区的移动应用软件和移动智能终端。推动民族语言软件研发。另外，脱贫攻坚、乡村振兴等多项国家战略也在促进消费下沉，推动相关产业发展中发挥着重要的作用。

多项政策从供给侧、需求侧，双向发力推动信息无障碍产业化发展。需求侧通过对老年人、残疾人等特殊群体配置器具给予补贴、鼓励有条件的地方将辅具纳入医保支付范围等手段扩大消费需求；供给侧通过鼓励社会资本进入养老、助残领域，落实政府购买、运营补贴和税收优惠等政策，开展相关产品用品创新设计大赛、制定老年人产品用品目录等手段着力加强供给侧结构性改革。利好政策的密集释放为信息无障碍产业化发展奠定了良好的政策基础，将会助力相关产业开拓蓝海市场。

（二）产业空间前景广阔

我国信息障碍群体人口基数大，当前，我国老龄化正处于加速发展时期，根据联合国对 2015 年至 2050 年期间的最新人口预测，到 2050 年中国的人口老龄化率将高达 35.1%。北京、天津、辽宁等多地老龄化率超过 20%，已经进入老龄化社会，开发老龄人口红利大有可为。

同时，随着生活水平的提高，老年人的生活方式改变，消费观念不断升级，从"能省则省"向"花钱买快乐、花钱买健康"的理念转变。"银发经济"正不断孕育新的经济增长点，虽然日常消费支出依旧是老年消费的大头，但老年消费正在摆脱以往的刻板模式，网络消费、定制消费、体验消费、智能

图 5-1-1　2000—2050 年我国老龄化比率

消费等新型消费模式也受到老年人群体的青睐。随着老年人收入提高，越来越多老年人在娱乐文化、健康养老等方面的支出持续增长，对晚年生活品质性、享受性要求不断提高。数据显示，2017 年底我国老年网民已超过 4000 万。2017 年前三季度，六成的老年用户通过支付宝、京东、微信等手机 APP 进行网购。在消费能力方面，老年用户群体的消费能力明显高于平均水平，老年用户的人均年消费额是平均水平的 1.3 倍，老年人的消费潜力不可小觑。《聚焦银发经济——2019 中老年线上消费趋势报告》显示，在整个京东全站不同年龄段的用户购买老年商品的销量占比中，26—35 岁和 36—45 岁的消费者占比总和超过 50%，也就是说 80/90 后是最重要的老年商品的消费者。

从 2010 年到 2018 年，我国养老产业的行业规模从 1.4 万亿元增长到 6.6 万亿元，增长幅度达 371.4%。预计 2030 年我国养老产业规模将达 22 万亿元，替代房地产成为第一大消费产业[①]。我国康复辅助器具产业规模已达 4300 亿元，但接受过辅助器具服务的残疾人比例只有 5.98%。信息无障碍市场潜力还有待激发，未来市场空间广阔。

（三）需求升级推动供给侧变革

老年人、残疾人等群体心理特点与其他群体有着明显差异，他们往往孤独感、空虚感更加强烈，部分残疾人有自卑感并且较为敏感，不同的心理特征造成了需求与消费行为也与其他人有较大差别。我国信息无障碍产业还存在着供需失衡、供给单一的问题，还远不能满足老年人、残疾人等特殊群体的需求。从辅助器具产品来看，我国目前康复辅助器具研发生产产品约 1 万种，而发达国家如美国、日本生产的康复辅助器具产品已经超过 4 万种，德

---

① http://www.cinic.org.cn/xw/schj/679337.html.

国超过 3 万种。随着特殊群体生活水平的提高，预计未来特殊群体的消费需求会加速细分，消费类型将由衣食住行过渡到精神层面的消费，向着高品质、多样化、体验型的方向发展。特殊群体需求的升级将会推动供给侧转型，驱动企业以特殊群体需求为导向，除开发设计满足大众化需求的产品及服务外，提供更加个性化、人性化的产品。信息无障碍产品和服务的品类、数量、布局等将进一步丰富和完善。相信未来国内企业会更加关注特殊群体的需求，改变产品设计基本靠"借鉴"和"模仿"国外产品的现状。只有不断加强产品研发的创新性，提升产品供给与多样化需求的匹配度，才能切实地增加有效供给，真正拉动特殊群体消费和拓展市场。

（四）产业化发展是国际趋势

过去，国际上将信息无障碍作为公益事业、残疾人平权事业、企业组织社会责任的一部分进行建设。现如今，随着对信息无障碍覆盖人群的转变，对特殊群体意识观念的转变，信息无障碍建设的发展日益朝着商业化、产业化的方向前进。

澳大利亚人权委员会早在 1997 年便发布《被忽视的消费者——澳大利亚残疾与老年人口的 20%》，指出不应忽视特殊群体的信息消费能力。美国谷歌公司、苹果公司，日本的 KGS 公司均针对特殊群体推出了许多商品化终端。美国联邦通信委员会 FCC 制定的电信接力服务 TRS 制度，最终的经济收益也是回馈到各电信运营商。信息无障碍建设的推进，不仅需要政府部门出台强制性规章制度，还应建立合理的良性运行机制，让终端产品与服务开发的企业获得实质收益，探索产业化发展模式。

二、信息无障碍产业地图

（一）逐渐建立信息无障碍产业体系

在国家政策引领，各方参与主体的积极推进下，随着新兴技术在无障碍领域的应用与结合，未来信息无障碍有望形成由基础设施层、终端层、云 / 平台层、应用层组成的产业体系。基础设施包括以互联网、5G、物联网、工业互联网等为代表的通信网络基础设施，深度应用物联网、大数据、人工智能等技术，支撑传统无障碍基础设施转型升级，进而形成的无障碍融合基础设施等。基于日益健全的基础设施，通信设备厂商开展通信终端无障碍改造和适老助残类通信设备的研发工作；针对视障者、听障者的需求，将会有越来越多的企业投入到助听器、视力辅具、发声、书写辅具等沟通和信息辅具的产品研发和生产工作中；助行器、矫形器等智能化水平逐渐提升，高新信息技术、先进制造技术等将会广泛地应用于辅助器具领域，越来越多的智慧家居走进老年人、残疾人的生活。云/平台层主要由养老助残类服务平台、供需对接平台、远程服务平台等构成。另外，还将有一大批企业针对老年人、残疾人等特殊群体的需求，为他们开发涵盖生活、工作、学习方方面面的软件应用和内容服务。在信息无障碍产业体系下，未来信息无障碍的推动将不只是企业履行社会责任，而是老年人、残疾人群体和企业间互惠互利的双赢模式，企业从产业体系的不同层面挖掘商机，通过提供直击特殊群体需求痛点的产品和服务，促进特殊群体的信息消费，进而开拓市场，获得收益。

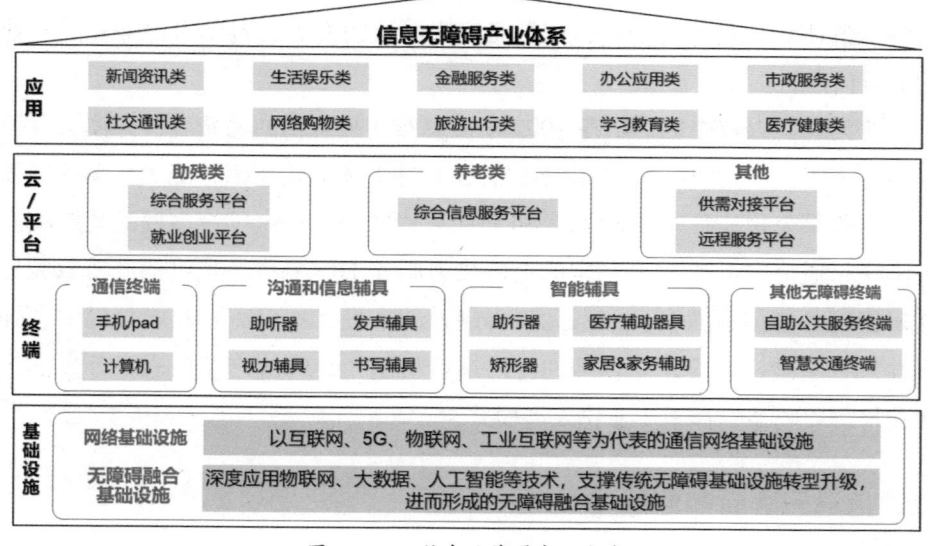

图 5-1-2　信息无障碍产业体系

（二）产业生态雏形显现

总体来说，未来国家信息无障碍的牵头力量仍然是政府部门，但非政府组织、企业、研究机构等各方力量的加入日益积极。例如，澳大利亚的信息无障碍建设中，非政府组织在许多标准导则的制定、法律法规的解释、无障碍意识宣传与维权方面，均做出了重要贡献。美国的苹果、微软、Google 等科技公司创造了服务各类特殊群体的诸多信息无障碍终端产品，为推进手机、电脑等终端的无障碍改造做出了巨大贡献。

　　我国信息无障碍产业生态也在逐渐呈现，在政府的引导下，围绕残疾人、老年人等，社会团体、研究机构、教育机构等积极贡献力量，在标准制定及普及、技术研发、产业规划等方面发挥作用，通信企业、互联网企业、辅助器具企业等除履行社会责任外，更加积极主动地投入信息无障碍事业，开展相关产品研发推广工作。各方参与主体形成工作合力，共同探索信息无障碍可持续发展的商业模式。

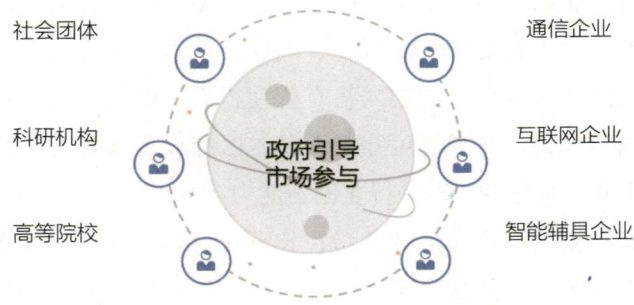

图 5-1-3　信息无障碍相关参与主体

　　深挖老年人、残疾人等重点受益群体在衣、食、住、行等场景的需求，开发基于社交娱乐、文化教育、价值再创等高级需求的产品及服务。互联网企业、高新技术企业、传统辅具企业、终端设备厂商等广泛开展合作，由点及面地拓展自身业务生态。

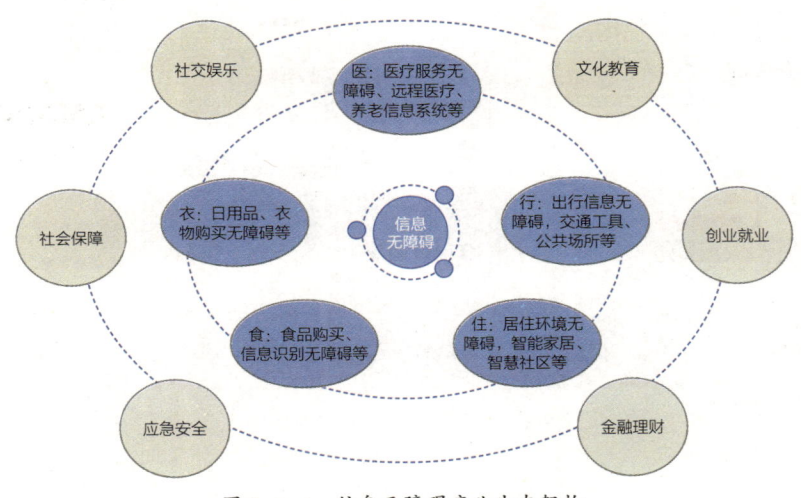

图 5-1-4　信息无障碍产业生态架构

（三）信息无障碍产业集聚化发展

目前，行业内企业数量众多，但市场较为分散，缺乏龙头企业。未来，在信息无障碍相关软件与信息技术服务业有望出现龙头企业。在通信终端产品方面，据《2018视障网民移动资讯行为洞察报告》显示，近9成视障用户选择的手机品牌集中在华为、iPhone和小米。华为、小米、OPPO、VIVO等国内厂商是推进通信终端无障碍改造的先行者。在辅助器具方面，康复辅具行业中还未有龙头企业主导市场，康复辅具具有"小产品、大产业"的行业特性，行业内企业数量多，市场集中度低，上市公司主要有鱼跃医疗、戴维医疗、九安医疗、乐金健康等。百度、阿里、腾讯、华为等企业进军医疗器械行业，高科技互联网企业的加入将有望使得人工智能、物联网等技术与传统辅助器具擦出火花，在智能可穿戴设备、医疗设备连接等方面发挥技术的先发优势，推进产业升级，提升行业创新能力。

信息无障碍相关企业大部分分布在长三角、珠三角、京津冀地区，已初步形成产业集聚区域。随着政策引导，产业园区和生产基地的构建，未来区域集聚发展效应将会凸显，利于补齐产业链短板，构建产业生态。

图 5-1-5 信息无障碍产业图谱

（四）典型细分产业的产业地图

信息技术快速发展，信息无障碍内涵也随之延伸，渗透到人们生活的方方面面，信息无障碍的推进需要产业链的各个环节树立无障碍的意识。选取信息无障碍三个典型场景，分析未来将会形成的产业生态。

1. 餐饮无障碍

随着我国餐饮业的发展，越来越多的餐饮企业使用信息技术提高自身的管理水平，很多餐饮品牌开发独立 APP，或通过微信小程序、口碑等入口开展在线营销，到店扫码点餐也逐渐成为常态。外卖 O2O 平台也开始精细化运营，逐渐关注到无障碍优化的需求。餐饮物流配送为部分残疾人，尤其是听障群体提供了就业机会。餐饮领域的信息无障碍主要涉及从到店就餐或在线点餐、在线支付、配送、完成订单全过程的相关软件平台的无障碍优化，为残疾人、老年人等享受餐饮服务和创业就业创造条件。

图 5-1-6　餐饮无障碍服务产业地图

2. 阅读无障碍

阅读障碍是视障群体和视力下降的老年人面临的主要信息障碍之一。视障群体通常分为完全失去视力的全失明和弱视两种，弱视占比约为 70%。通过文字转语音技术、字体放大、光线、颜色调整等手段，可以消除一部分人的阅读障碍。针对弱视群体的需求，电子阅读器等产品只需做简单的功能调整便可供他们使用。但针对老年人、残疾人的阅读内容产品较少，适老、助残类阅读内容信息开发的企业也较少，适合老年人、残疾人阅读的数字出版物类型有待丰富。

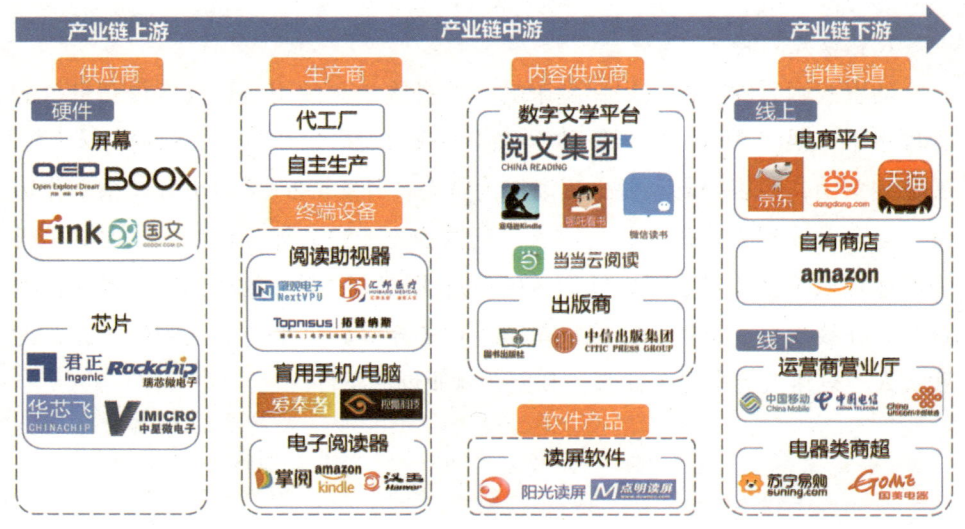

图 5-1-7　阅读无障碍产业地图

3. 智能导盲设备

5G、物联网、AI 图像识别、智能分析等技术快速发展，未来服务于视障者的导盲设备也将呈现智能化的趋势。越来越多的视障人士认为，现有的辅助导盲设施和工具不能满足他们的出行需求，无法提供准确的路径提示，无法及时引导躲避障碍物体等。智能导盲设备将会给视障人群的生活带来颠覆性的改变。应用新一代信息通信技术，具有定位导航、障碍规避、周围环境信息辨别等功能的智能导盲设备将迎来良好的发展机遇。

智能导盲设备的产业链包括原材料、零部件等生产商、本体制造商、系统集成商、技术研发商。导盲设备本体包括电子导盲犬、智能盲棍、智能眼镜、智能头盔等可穿戴式导盲设备，代表性企业有达闼科技、肇观电子等；语音交互、图像识别等技术研发商主要有科大讯飞、商汤科技等。产业链下游由本地合作商、代理商、第三方服务商组成。我国对于智能导盲工具的研究还普遍落后于美国、日本等发达国家，产业生态还有待健全，绝大多数产品还处于实验阶段。

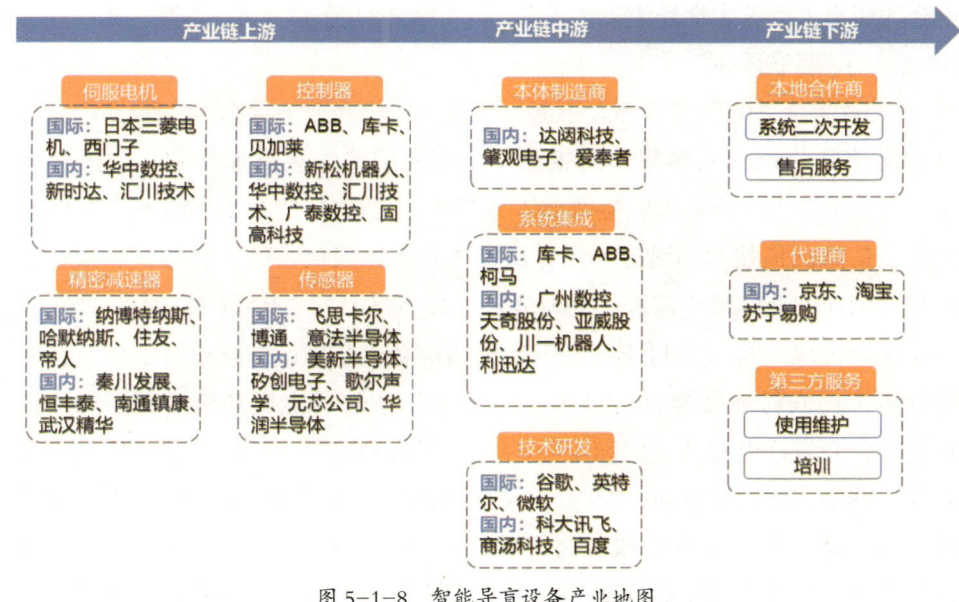

图 5-1-8　智能导盲设备产业地图

第二节　新技术在信息无障碍中的应用

一、新一代信息技术应用于无障碍领域

信息无障碍领域吸引了越来越多的高科技企业的关注，很多企业开始进行信息无障碍技术研究，信息无障碍理念正在推动着产品创新。信息无障碍产品不仅仅解决特殊人群的信息障碍问题，而且给每一个人带来了更多的便利。服务于听障者的语音转文字功能，能够在不方便听的场景下帮助用户读取信息；服务于视障者的语音播报功能，能够在不方便看的场景下帮助用户使用地图导航；实时翻译功能，能够帮助人们在环球旅行时跨越语言障碍顺畅交流。信息技术的发展让人们有更多通用技术可以选择，人工智能、大数据等都可以作为特殊群体使用的辅助技术，在为特殊人群带来便利的同时，

也会为所有人改善生活环境。

（一）"互联网＋"

"互联网＋"的思维和理念不断升级迭代，已经改变及影响了众多行业，也在潜移默化地深入到我们的生活中，使我们的生活更加便利、快捷和丰富。聚焦老年人、残疾人等特殊群体，多项"互联网＋"理念旨在利用互联网技术、信息通信技术的赋能作用，满足老年人、残疾人的衣食住行、教育、医疗、创业就业等民生需求，助力消除"数字鸿沟"。"互联网＋教育""互联网＋医疗健康"推进乡村学校、卫生机构信息化基础设施建设，推动教育、医疗资源向农村地区倾斜；"互联网＋养老"引导养老服务机构利用现代信息技术，开发适老化"互联网＋"应用；"互联网＋居家护理"服务模式将成为老年健康消费的新方向；"互联网＋辅助器具"缩短适配服务流程，实现需求申请、康复服务流程的数字化管理，让残疾人少跑路；"互联网＋科技助残"为残疾人开辟线上招聘渠道，帮助残疾人利用残疾人创业就业平台创业就业，提供居家就业机会；"互联网＋社会服务"关注全民数字技能教育和培训，针对信息技能相对薄弱的老年人等消费群体，普及信息应用、网络支付、风险甄别等相关知识。

除针对老年人、残疾人等特殊群体开展"互联网＋"行动外，其他的"互联网＋"行动还需更加考虑特殊群体的需求，体现信息平等。从理念到行动到落地，"互联网＋"信息无障碍相关工作还有很长的路要走，"互联网＋"行动计划实施过程中的配套政策还需持续落地发挥实效，人性化会在"互联网＋"行动中更加完美地体现。

（二）人工智能技术

人工智能技术不断发展和应用加速，相关技术与辅助工具的融合将推动行业实现跨越式发展，未来将不仅仅造福残疾人、老年人等特殊群体，更能够惠及特殊场景下的健全人，成为互联网发展新的创新点。

基于人工智能的目标识别技术，能帮助盲人辨识人脸、图片、货币；通过人工智能进行定向音频收集，可使助听设备更加智能化和安全化；智能家居音响、智能家电等采用声控的设备，使视障者、肢体伤残者可以用语音操控家电设备；支持语音识别的人工智能产品可以为有听觉障碍的用户生成闭路字幕；采用人工智能技术的仿生假肢、外骨骼可以让肢残人的行走体验越来越接近于健全人。人工智能在无障碍领域取得了令人鼓舞的进步，但仍有很多问题有待解决。目前的导盲头盔／眼镜还不能帮助视障者在复杂环境中自由行走，外骨骼穿戴的舒适性有待提高，高科技产品价格尚未实现平民化，还不能普遍惠及残疾人等等。随着问题的不断解决和应用场景的逐渐完善，人工智能在信息无障碍领域将发挥越来越大的作用。

（三）大数据

我国高度重视残疾人事业大数据和信息化建设，建立了全国残疾人人口基础数据库，自 2015 年开始，每年开展全国残疾人基本服务状况和需求调查，统计全国残疾人的基本服务状况、需求信息以及社区残疾人基本公共服务状况信息，已积累了 3000 多万持证残疾人的需求动态信息，为助残精准施策提供了依据，但数据的价值还有待进一步挖掘。

大数据技术的应用可更加方便地实现信息无障碍供需精准对接。数据共享辅助残疾人电信资费优惠等措施的落地实施，缩短业务办理流程；通过对老年人、残疾人使用 ICT 产品、辅具器具的需求的收集、清洗、挖掘，企业可以更加精准地把握需求，为实现精准化服务和精细化管理奠定基础。

（四）物联网技术

工业互联网标识解析体系下，通过射频识别等信息传感设备将物品信息与网络相连，在生产环节保障生产安全，并催生大规模个性化定制。在应用场景下，针对某一商品，厂家、产地或者与其他物品之间的关系等可以通过标签识读器读取标签上的编码信息，将该编码信息发送至解析系统进行解析，从而获取物品的相关信息。

基于物联网技术，视障者可通过无障碍信息技术满足更多需求。视障者经常需要辨识物品，是否能够准确辨识物品直接关系到他们的生活质量。药品的辨识对视障者尤其重要，视障者出行就医困难，利用家中药物自我治疗是普遍采用的自助措施，将物联网技术应用于药品的管理与识别，对于改善视障者的生活、保障他们的用药安全具有非常重要的意义。

二、新技术推动各行业无障碍建设

无障碍设计在都市建筑、交通、公共环境设施设备中均有所体现，步行道上铺设的盲道、触觉指示地图，为乘坐轮椅者专设的卫生间、公用电话等。无障碍设计不仅仅是为了残疾人，它对老年人和孩童同样适用，"从不方便行动人群的生活轨迹出发，从每一个细节关爱他们的生活起居，令每个人独立生活的愿望成为现实"[①]。

（一）出行领域信息无障碍

残疾人在交通出行方面还存在着较大困难，成为他们融入社会的障碍，主要原因是公共设施的无障碍不到位，关爱残疾人的公共意识的欠缺。人工智能、物联网等技术已经开始应用到出行无障碍中，通过智能终端产品、互联网应用等为残疾人、老年人等提供出行服务。

1. 导盲出行

在导盲出行领域，信息技术为帮助残疾人出行带来了新的解决方案。视障群体携带导盲犬出行面临被公交车、出租车拒载的问题，并且导盲犬培训成本也比较高、很多视障者没有资金和渠道购买导盲犬。利用科技的力量解决视障群体出行障碍问题，依托人工智能技术，通过摄像头等传感设备采集环境信息，智能识别所采集的图像、音视频信息，判断路面状况、路线、障碍物、交通信号灯等交通信息，将分析结果转化为语音信息，为视障群体出行提供协助。AI 导盲产品包括导盲眼镜、导盲头盔、导盲应用等。视障者可通过手机等终端，识别周围环境，判断路面状况，但受限于生产成本和人身安全的法律风险等因素，投入市场销售的 AI 导盲产品还比较少。

2. 交通信号灯无障碍化

2002 年起，部分城市在商业网点、主要街道、旅游景区、公共场所周边道路安装了红绿灯提示音，缓慢节奏的"嘟——嘟——"声代表红灯，紧凑的"嘟嘟嘟嘟"代表绿灯。但当路口不同方向的提示音混杂在一起，会让视障者分辨不清，而且提示音也存在扰民的问题。

交通信号灯无障碍化较好的是香港地区，在红绿灯柱上安装一个黄色的盒子，盒子的底部有一个震动器，通过发出不同频率的"嘟嘟"声提醒行人红绿灯情况，震动器有一个箭头可以指示行人过路的方向。2004 年换成电子发声，"嘟嘟"更加智能，可以随环境噪音水平自动调节输出音量，以免扰民，并定期对交通设施进行维护升级。新一代的智能红绿灯装置，可以实

---

① 中国信息通信研究院：《中国信息无障碍发展白皮书》。

现自动延长时间功能，老年人或残疾人将老人交通卡或伤残人士交通卡贴到安装在红绿灯柱上的"延长闪绿灯"装置上，红绿灯就会自动延长三分之一时间。

随着技术升级，语音提示盲人红绿灯信号的设备不断涌现，如过街"盲人钟"、红绿灯语音提示器、行人过街语音提示柱等。红绿灯语音提示器安装在路口人行道信号灯的上方，当信号灯显示红灯时，语音提示器便会发出"现在是红灯，请不要通行"的声音；当信号灯变换为绿色时，则立即转换成"现在是绿灯，请尽快通行"的提示音。当有人闯红灯进入斑马线时，行人过街语音提示柱的智能红外线感应设备便会发出语音警示："您已越线，请后退"。另外，提示器可根据环境嘈杂程度，自动调节音量，夜晚可自动关闭提示音以避免扰民。还有智能手机 APP、智能拐杖等终端设备接受红绿灯信号，将其转化为语音提示信息，解决盲人过马路无法判断红绿灯信号的问题。

3. 网约车无障碍服务

网约车已成为人们出行的重要方式，但只有少数网约车 APP 做了无障碍优化，网约车企业对无障碍相关工作的重视度不足，还需加强引导。首汽约车、滴滴等通过推出特殊版 APP、提供线下无障碍服务等形式为障碍群体服务。滴滴还增加了宝贝专车、无障碍专车、敬老版一键叫车等功能，解决孕妇、儿童、老年人等特殊群体出行问题。首汽约车在北京开展试点，推出无障碍车服务，为残疾人、老年人等群体提供配备专业设施的车型，方便使用轮椅的乘客乘车，而且还针对行动不便乘客、视听障碍乘客等特殊群体的特点和需求，发布了出行行业首个场景化的特殊人群服务规范，为行动不便、视听障碍乘客提供贴心服务。

（二）建筑设施要信息无障碍

无障碍环境的建设是残障人士、老人、妇幼、伤病等群体充分参与社会生活的前提和基础，是方便他们日常生活的重要条件，是精神文明和物质文明的集中体现。

大型复杂建筑物在提供定位导航服务时，传统方式是人工指路、路标和信息亭等，通过信息化手段将导航定位、移动互联网、云计算等技术融合形成的位置服务，应用于室内导航，信息无障碍地图对无障碍电梯、卫生间等无障碍设施进行标注，帮助残疾人、老年人等群体快速找到相关设施，为他们走出家门，步入社会创造更好条件。此外，传感器的使用也在很大程度上方便了对建筑物的远程控制和自动控制，感应门、红外灯、智能门锁等应用不断普及，智能楼宇和智慧社区的建设将极大推动建筑行业信息无障碍的发展。

（三）智慧城市要考虑信息无障碍

新型智慧城市已经进入以人为本、成效导向、统筹集约、协同创新的新发展阶段[①]。新型智慧城市建设以"人"的实际需求作为顶层设计，以提高"人"的幸福感和满意度为核心，利用现代信息技术，缩小人与人之间的差距，提高全社会发展水平。老年人、残疾人等特殊群体的需求是智慧城市建设不容忽视的一部分。

政务信息化，智能建筑、综合管廊、市政、交通等智能设施的规划与建设，智慧社区、智慧治理、应急管理等城市应用都应充分关心老年人、残疾人等群体，否则，在大家体验着智能化的便利、享受着数字红利的同时，老年人、残疾人群体会在信息社会中被边缘化，进而扩大"数字鸿沟"。在2016年和2018年版的新型智慧城市评价体系中，已将互联网残疾人无障碍访问情况纳入指标体系，从城市政府主门户网站、政府各部门网站、主流新闻媒体网站支持无障碍访问情况三方面进行评价。视障者、听障者、肢障者以及老年人在城市公共服务、交通出行、应急救援等各方面的需求是具体且细碎的，还有待进一步地深入研究。"以人为本"不仅仅体现在城市的物理状态，更是城市现代化中的人文关怀被每一个人全面感知，进而推动城市文明进程。

三、终端产品智能化趋势

电脑、手机等个人终端设备是人们必不可少的信息通信工具，ATM取款机、自助售卖机、登机值机设备、无人商店等公共服务设施普遍采用了信息化操作界面，人们在日常生活中处处要使用信息化的设备和信息化的服务。要保障所有人平等参与社会生活，需要对现有的信息设备和信息服务进行无障碍优化，并将信息无障碍理念融入信息设备的开发和信息服务的运营中，才能构建残健融合的高度文明的信息化社会，为全体人民提供民生福祉和社

---

① 中国信息通信研究院：《新型智慧城市发展研究报告（2019）》。

会保障。

（一）手机终端支持残健融合功能

手机终端产品在研发设计之初就应融入信息无障碍理念，关注残疾人、老年人等特殊人群和弱势群体的信息无障碍服务需求，系统配置及出厂必备软件（包括设置、拨号、通讯录等）支持无障碍要求，支持非视觉验证码、图片控件文本注释、输入提示、挂断短信通知、大字体显示等无障碍功能，为视障者、听障者、老年人等特殊群体使用手机创造了便利条件。

（二）公共服务终端设备实现信息无障碍

公共服务设备的用户操作界面应符合信息无障碍标准，保证包括残疾人、老年人在内的所有人能平等方便地使用。部分地区的公共服务窗口、无人值守自助设备的信息无障碍改造正在开展，为用户提供无障碍服务。金融行业，部分银行已经行动起来，为用户提供支持信息无障碍要求的公用自助终端（如无障碍 ATM 取款机），有些终端可以支持读屏功能，帮助视障者在语音引导下完成操作；有些终端采用了低位操作界面，为乘坐轮椅的下肢伤残者使用设备提供了方便。交通领域，一些城市采用了无障碍红绿灯，方便视障者根据声音指示穿过马路。建筑行业，电梯的盲文按键、语音报楼层、低位操控面板等在逐步推广中。

（三）辅助器具智能化水平提升

智能制造技术与辅助器具生产相结合，使辅具的制造过程更加精确，更加科学，适配度也更高。人工智能、大数据、脑神经科学等先进技术，应用于辅具模型数据采集、辅具设计、制作等过程中，使得辅助器具有了和人类类似的感知、分析、判断、操纵、反馈等能力[1]。智能假手、智能裸足假肢等相关技术已广泛应用，随着我国对智能假肢研发投入逐渐增大，新材料、3D 打印技术将应用到智能假肢产品中，智能假肢的运动意图和运动状态识别准确率将会有所提升。在移动辅具方面，目前大部分智能助行器均处于样机研制或试验阶段，未来会有更多高强度、轻质量的材料应用到智能移动辅具中，使得辅具的设计更加简单、结构更加轻便[2]。移动辅具的安全性、可靠性

---

[1] 孙德忠、李文芳：《残疾人智能辅具技术的伦理反思》，《自然辩证法研究》2019 年第 35 期。

[2] 陶春静、晏箐阳、马俪芳等：《残疾人智能移动助行器的发展现状及趋势》，《科技导报》2019 年 37（22）期，第 37-50 页。

也是未来的研究重点。家务辅助器具、技能训练辅具、生活自理和防护辅具等也将呈现智能化、个性化、普惠化的发展趋势。未来会有更多意识识别准确、人机协同高效、安全可靠的智能器具为老年人、残疾人等群体带来更舒适、更便捷、更人性化的使用体验。

第三节　社会环境

一、政府持续发挥先导作用

信息无障碍建设是一个综合性的系统工程，涉及的领域广、部门多、行业复杂。因而在国家整体信息无障碍建设的推进工作上，政府发挥引导作用，在总体战略规划、重点发展领域、优先建设项目等方面发挥宏观管理作用，政府机构的数字服务也是信息无障碍建设的排头兵。

政务信息无障碍传达，优先改造政府与公共服务机构是许多国家推进信息无障碍的切入点。英国通过"e政府互通性方案"优先改造政府网站；澳大利亚制定了"信息无障碍国家转型战略"，也是优先发展政府与公共服务机构网站；美国政府指定了专门的机构信息技术7R协调中心（CITA）负责协助政府机构更好地履行《美国康复法案》Section 508；我国也是优先启动政务信息无障碍行动，再逐步将政务网站无障碍改造经验应用于其他新闻媒体、金融服务机构、电子商务企业等网站。

二、标准规范趋于国际化

各国针对信息无障碍建设中涉及的具体应用实施范围，均制定了不同的标准规范和导则。随着信息交流的日益国际化，通信设备与电子产品研发企业业务拓展的国际化，信息无障碍标准的制定也日趋统一。例如，美国、英国、日本、澳大利亚等国家在各自关于政府或公共服务机构网站的无障碍升级改造上，均直接采用或依据万维网联盟所发布的《网页内容无障碍指南》作为实施标准。

国际组织在信息无障碍标准制定中发挥着积极的作用。制定出台信息无障碍标准的国际组织主要有 W3C（国际互联网联盟）、ITU-T（国际电信联盟电信标准化部门）和 ETSI（欧洲电信标准化协会），其中 W3C 公布的一系列标准最具有权威性。国际组织活跃反映了国际社会间对信息无障碍建设意识的增强与国际合作程度的深入，这将有利于全球对于信息无障碍建设的进一步重视，为还未着手实施信息无障碍的国家提供丰富经验。

三、注重信息无障碍人才培养

信息无障碍建设涉及领域广泛，需要大量的复合型人才，各高校逐渐重视这方面人才的培养。清华大学设立了无障碍发展研究院，主要开展无障碍环境、技术与标准体系、无障碍人文理念的传播与人才培养等方面研究；天津大学成立了无障碍通用设计研究中心；中国人民大学成立了无障碍法制研究与评估中心；哈尔滨工业大学成立了无障碍研究中心，重点研究人工智能支持下的城市和建筑智慧设计，在信息无障碍领域开展专项研究，如无线移动通信、定位导航、人工智能、自然语言理解、智能机器人、可穿戴移动计算机系统、交通信息与控制等。除成立专门的学院或研究中心外，高校也在逐步增设通用设计类课程。

信息无障碍产品改造与研发需要有更多的专业工程师参与到产品设计开发中。众多企业也在积极发挥作用，一方面培养无障碍技术工程师和专业的技术测试团队；另一方面招收残疾人技术工程师，培养为专业的客户体验、测试队伍。腾讯成立了"视障信息无障碍工程师"团队，阿里巴巴技术团队自发组织成立了信息无障碍小组，帮助进行无障碍产品开发，逐渐形成了常态化的项目组。随着残疾人文化水平和信息技能的提升，会有越来越多的残疾人在信息无障碍建设中发挥自身优势，体现个人价值，参与到信息无障碍产品的设计研发、优化和测试过程中。

四、社会信息无障碍意识加强

信息无障碍建设的水平体现着社会和谐发展的程度，代表着公众的文明修养水平。信息无障碍建设需要社会各主体的全面参与，要营造全社会关爱老年人、残疾人的浓厚氛围。加强信息无障碍概念、技术、产品、服务等方面的宣传，利用电视、广播、网络媒体等手段让公众了解信息无障碍，普及信息化知识，将信息无障碍融入城乡信息化建设、智慧交通、应急救援等生活的方方面面。让更多的人意识到身边还有这样一个庞大的群体需要关心与帮助，进而加入到信息无障碍建设的队伍中来，从生活的点滴中为推进我国信息无障碍发展贡献力量，共同书写好"老有所养""弱有所扶"的民生大文章。

第六章

国际信息无障碍发展经验

第一节　国际组织信息无障碍工作推进

国际电信联盟、万维网联盟、欧洲电信标准化协会等国际组织，从人权保护、ICT 政策制定指引、标准研制、网站建设与技术规范指引等方面推进全球信息无障碍建设。

一、国际社会呼吁信息无障碍建设

在 20 世纪中后期到 2000 年前后，联合国、八国首脑会议集团等世界组织开始呼吁重视与开展信息无障碍建设。

1982 年，联合国制定并发布《关于残疾人的世界行动纲领》。其中第 76 条指出了应重视听觉与视觉障碍者在阅读、信息交流等方面的障碍。

1993 年，联合国《残疾人机会均等标准规则》提出信息与交流无障碍 7 条准则，不仅照顾听力障碍和视力障碍群体的需求，并进一步提出应考虑其他类型交流障碍者的需要。

2000 年，在日本召开的第 26 届八国首脑会议发布《全球信息社会冲绳宪章》呼吁信息无障碍建设。八国集团成员国认为，缩小国家、地区间在信息技术发展差距的关键是使所有人都能接触并负担得起现代信息通讯与互联网接入的费用，因而关心残疾人、老年群体、贫困人口，以及通讯欠发达地区的信息获取与使用是该宪章的中心议题。

2006 年，联合国通过《残疾人公约》，在一般义务中规定了各成员国向残疾人提供无障碍信息，介绍助行器具、用品、辅助技术、协助与支助服务和设施的义务。并且《公约》在第 9 条专列"无障碍条款"，提出了消除障碍的 8 项具体措施，对无障碍环境构建作出明确要求，并特别指出促进网络无障碍、促进早期阶段的无障碍信息和通信技术和系统发展。这标志着国际社会中，信息无障碍建设地位的显著提升。

二、国际组织积极开展信息无障碍相关标准导则研究

开展信息无障碍研究的国际标准组织主要有 W3C（国际互联网联盟）、ITU-T（国际电信联盟电信标准化部门）、国际标准组织/国际电工委员会（ISO/IEC）、ETSI（欧洲电信标准化协会），其中 W3C 公布的《网页内容无障碍指南》WCAG 最具影响力。

《网页内容无障碍指南》WCAG 是由万维网联盟 W3C 的网页无障碍组织 WAI 制定的首个全球网页无障碍标准。WCAG 1.0 于 1999 年正式颁布，目前已经升级到 2.0 版本。WCAG 的制定主要围绕以下两个主旨思想：一是保证内容的良好呈现，二是使内容易于理解与具有导航功能。具体来说，WCAG 对无障碍网站平台建设提出 4 项基本原则：可感知性，信息和用户界面组件必须以用户可感知的方式呈现；可操作性，用户界面组件和导航必须具有可操作性；可理解性，信息和用户界面操作必须是可理解的；鲁棒性，内容必须稳健，可兼容多种用户代理与辅助技术。

国际电信联盟电信标准化部门 ITU-T 是国际电信联盟下属的标准组织，于 1993 年提出了通信业务可用性的评估，其后在 IP 电话、多媒体通信、远程信息服务系统、网络终端设备等方面均推出了系列标准。ITU-T 的标准成果以建议形式发出，各国在此基础上进行立法规范方有强制效力。ITU-T 现有发布的信息无障碍方面的文件有：《关于文本电话的建议 V.18》《文本会话一般演示协议建议 T.140》，《数据会议环境 T.120》中的《文本会话建议 T.134》，《多媒体文本会话环境建议 H.323》附则 G，《低比特率多媒体应用文本会话建议 H.324》附则 L，《多媒体会话服务描述 F.703》，《低比特率视频通讯中的手语与唇语实时会话应用资料》H 系列的补充条款 1，《老年人与残疾人电子通讯无障碍指南建议 F.790》》等。

欧洲电信标准化协会 ETSI 在 1996 年制定了对于有听力损伤的人群，电话如何实现信息无障碍的设计标准。从 2000 年开始，协会陆续出版了信息无障碍的系列标准建议，其中包含了很多关于不同残障形式对信息获取和利用的需求研究，建立了专门研究信息无障碍的 Human Factors 工作小组，主要为信息无障碍相关标准的出台提供研究报告。ETSI 参与制作的关于信息无障碍代表性标准与规范有针对老年人与残障群体的《欧洲信息与通信技术产品及

服务无障碍标准 EN 301 549》《视障人群信息与通信技术产品及服务用户需求手册 ETSI TR 103 185》《适用于欧洲信息和通信技术产品和服务公共采购无障碍要求的合格评估指南 CEN/CLC/ETSI TR 101 552》《紧急信息内容无障碍指南 ETSI TR 103 335》《数字电话通讯系统、全球移动通讯系统服务无障碍指南 ETSI TS 122 011》等。

第二节 典型国家信息无障碍工作经验

各国普遍采用了法规政策和技术标准相结合的方式来推进信息无障碍环境建设。政策法规和技术标准相辅相成，政策法规为信息无障碍标准的执行提供了制度保障，遵照标准要求积极开展无障碍建设的部门，会得到法律保护或国家政策支持；技术标准为信息无障碍法规政策的执行提供了技术依据，将法规政策的原则性规定转化为产品开发和服务系统建设的具体技术要求，使得政策法规能够得到切实有效的落地执行。

一、美国：全面立法保障建设，科学技术赋能突出

美国残疾人、老年人群体占比高，并且老年人口残疾比重大。美国疾病控制与预防中心公布的 2016 年统计数据，美国 18 岁以上成年人中残疾人口约 6259 万，占总成年人口比为 24.6%。65 岁以上老年人口约 5232 万人，占总成年人口比为 20.6%，老年人中残障人口约 2040 万人，占老年人口比为 41.9%。18—44 岁人口残疾人比例为 16.7%，45—64 岁人口残疾人比例为 28.8%。

（一）立法体系完善，标准对接国际

美国信息无障碍相关的立法实施较早，20 世纪 90 年代开始，美国有关立法部门就开始对残疾人基本权益、信息无障碍使用等权益进行立法保护与实施。法律体系完善，涉及信息无障碍保护的法律文件众多，形成由基础到具

体的信息无障碍基本法、信息无障碍相关法、信息无障碍专门法多级法律体系。涵盖内容广泛，对障碍人群基本权益保护、各相关信息行业与领域的具体规则、物质环境领域信息无障碍的保障进行了广泛关注。

1. 信息无障碍基本法保障基本信息权益

《美国残疾人法案》于 1990 年颁布，是一部保障残疾人平等享有各种权利（包括无障碍获取信息权）的基本法案，明确了残疾人在使用公共服务、公共场所和通信设备等方面的合法权益，为残疾人无障碍信息获取奠定了基础。《法案》第三章对公共场所无障碍资源设施与服务进行了规定，如降低电话摆放位置，并且将博物馆、图书馆、私立学校等纳入公共场所范围，保障了残疾人对公共信息资源的获取。《法案》第四章特别针对无障碍通信服务进行了规定，要求公司提供的电信服务应为听力有缺陷的残疾人提供文字电话或相应的听障专用电信设备。同时，《法案》还规定广播媒体、有线电视运营商和其他多渠道视频节目运营商，必须为听力和视力残疾人提供紧急信息（如自然灾害预告、学校停课、公共安全等）的无障碍获取。

2. 信息无障碍专门法覆盖全方位信息交流领域

美国信息无障碍专门法体系主要针对障碍人群在通信、互联网、图书馆等情境中的信息获取与利用进行立法规定。

《美国康复法案》Section 508 于 1998 年正式颁布实施，开创了信息无障碍立法工作的先河。Section 508 是一部联邦法律，针对的对象主要是各政府网站，以及与政府有往来业务或接受政府资助的公司。该法案一方面从硬件、软件、接入设备等方面对计算机设备无障碍技术的改进与标准提出了要求，另一方面还对网络资源信息方面如何确保无障碍获取作出了规定，并首次就残疾人利用互联网提出了具体的网站建设 16 条标准，对网站提供的信息类型与呈现方式、标识和导航的开发、建设与维护作出了具体规定。

《2002 电子政务法》规定政府通过互联网发布相关政策和项目、提供政府信息服务时，要充分考虑障碍群体的互联网使用方式，尽可能保证政府的信息和服务为这些群体获得，并寻找可替代的信息发布模式。

《通信法》的立法侧重对有线设备及其新技术使用进行规范。其定义了听力和言语残障人群可使用的通信设备和远程通信中级服务的标准，提出电信设备制造商不得提出与"残疾人接入电信业务"原则相违背的禁止性要求，为残疾人提供的电信服务质量必须与一般公众无异。

《信息自由法》的立法目的是促进联邦政府信息公开，确保公众对政府信息的获取。其明确规定了包括残疾人在内的群体公民的知情权，为残疾人获取政府信息提供了有力的法律保障。

《国会图书馆法》主要针对残疾人利用图书馆获取信息进行宏观管理和调控。该法第八条提到，对为残障人群所准备的书籍等资料以及其他专门设施实行专项拨款购买，图书馆应设专门区域、中心以满足残疾人阅读需要。

《图书馆服务和技术法案》则是从微观角度提出了残疾人利用图书馆获取信息的具体要求。

3. 信息无障碍相关法消除物质环境信息使用障碍

美国的信息无障碍相关法体系围绕信息无障碍获取的物质基础和物理环境作出相关规定，其主要包括《建筑无障碍条例》《平等住房法案》《航空运输无障碍法案》。《建筑无障碍条例》首次提出建筑无障碍标准，旨在解除残疾人利用公共资源和服务的障碍。《平等住房法案》的立法目的是在居住环境方面禁止歧视残疾人。《航空运输无障碍法案》主要保障残疾人使用航空交通工具，以及交通工具附属服务设备的权利。

4. 信息无障碍标准规范对接国际

美国的信息无障碍标准制定与国际标准结合紧密。《美国康复法案》Section 508 所提出的网站建设 16 条规范中，主要来自于 WCAG 1.0 的实施准则。美国还制定了《图书馆残疾人服务政策》《网页设计与可用性指南》等信息无障碍规范和标准，《联邦无障碍标准 UFAS》《美国残疾人无障碍指南 ADAAG》等无障碍建筑标准。

（二）政企合力助推无障碍通信建设

美国电信领域的信息无障碍建设是由联邦通信委员会进行宏观管理，美国无线通信和互联网协会进行产品认证，三大运营商进行优化设计的自上而下的发展模式。其中政府部门主要负责政策标准制定与监管，三大运营商则主要从产品、服务、资费等角度进行无障碍优化。

1. 政府部门进行宏观管理

美国联邦通信委员会（FCC）是美国负责媒体监管与通信政策的机构。《1996 年美国电信法案》要求确保残疾人能较容易地获取并使用电信设备制造商与服务商的产品服务。《美国残疾人法案》第四章也指出供应商公司提供的电信服务应为听力有缺陷的残疾人提供文字电话或类似的听障专用电信设备，提供电信接力服务（TRS）。TRS通过将为聋盲人专用的通信设备接入电话用户，使得听力和言语障碍者能通过通信助理与使用标准电话的人进行沟通。2000年，FCC鼓励电信运营商提供更多无障碍电信服务，如为语言障碍者提供语音到语音的接力服务、互联网协议接力、手语视频接力服务等。针对障碍者的TRS服务资金由FCC建立的普遍服务基金提供，美国各州间的电信业务提供商均向TRS服务基金提供资金，而TRS服务提供商则从基金中收回服务成本。

2. 电信运营商优化通信产品与服务

（1）美国电信电话公司AT&T。

美国AT&T公司在1998年发表了通用设计声明，其承诺在通信、娱乐和技术的设计和开发中使用通用设计原则，以保证产品能满足包括老年群体和残疾群体在内的最广泛用户的需求，符合《电信法》《美国康复法案》Section 508、《网页内容无障碍指南》WCAG等法律与标准的要求。AT&T公司组建了企业无障碍技术办公室CATO、无障碍与老龄化咨询小组AAPAA，在企业内部与业务、法律、技术等专业员工交流，进行公司无障碍标准制定，对公司员工进行培训。

AT&T建立了关于无障碍及老龄问题顾问组（AAPAA），AT&T还与手机制造商，第三方无障碍、老龄、残疾人组织在开发无障碍产品及相关服务上展开合作。AT&T还设有专门的"人类因素组"对公司的无障碍设计进行测试。

在具体产品与服务方面，公司的AT&T Mail电子邮件系统支持无需鼠标收发邮件，兼容多版本品目阅读器和浏览器的读屏功能；推出支持多种语言的智能手机端的实时文本服务RTT，允许通信双方能同时发送和接收文本；开发智能电视服务DIRECTV，可通过文本到语音的转换与兼容屏幕阅读器和键盘导航功能，帮助视障用户改善电视体验；研制智能可穿戴眼镜Aria，通过公司提供的网络视觉代理服务帮助视障群体完成交通导航、药品识别等活动。对主流消费者使用的移动电话产品的助听器、电传打字机、实施文本程序的兼容性进行了测试和评级，向障碍群体给予技术与客服支持。

在通信资费方面，AT&T 公司推出了针对听力或言语障碍者的移动通信无障碍套餐，主要分为智能手机无障碍计划套餐与非智能机辅助功能套餐。相比同等价位的普通套餐，无障碍计划套餐能获得更高额的数据流量、短信、语音流量，更低的超额通话资费，以及增添了视频通话套餐额度，并且提供盲文与大字打印账单。

（2）威瑞森公司 Verizon。

Verizon 公司是电信领域无障碍建设的推动者之一，其组建的无障碍资源中心对听觉、视觉、肢体障碍等人群均具有相应的辅助功能服务。

具体产品和服务方面，Verizon 为特定残疾客户提供了免费 411 搜索服务、多格式的 Fios TV 电视无障碍指南、无障碍账单与信件以及实时文本 RTT 服务。2012 年，Verizon 为基于安卓系统的智能手机提供了包含电话、联系人、短信应用多款无障碍应用程序优化，使用带语音合成功能的触摸式键盘和语音识别技术辅助障碍群体的基础通信活动。2014 年，Verizon 公司组建了美国第一个国家无障碍客户服务团队 NACS，培训约 200 名专业客服代表免费接听残疾人用户来电，提供技术支持。此外，公司还组织员工对老年人群体进行智能手机和平板电脑 "101 教程"，传授互联网安全、无障碍工具和应用知识。

Verizon 公司在移动通信资费上虽无直接针对残疾人和老年人群体的套餐优惠，但制定了对退伍老兵、消防员、警察等易罹患伤病致残的特殊群体的优惠。同时，公司也通过无限量套餐、预付费套餐等为障碍群体解决辅助设备高数据访问量的问题。2019 年 3 月，Verizon 公布了首个 5G 套餐，为信息无障碍设备与应用的响应能力的提升提供了便利。

（3）T-Mobile 美国公司。

T-Mobile 美国公司是美国无障碍信息服务表现优异的公司，2017 年获得美国人口与残疾人协会 "残疾人平等指数" 满分评价。

在具体产品与服务方面，与上述两家公司相似，也推出为残疾人用户服务的指引服务计划，提供免费无障碍客户服务支持热线，公司还提供多格式账单、实时文本 RTT 服务、虚拟个人助理服务等。

在资费方面，T-Mobile 美国公司也无直接针对残疾人和老年人的通信资费优惠政策，但与 Verizon 相似，推出了对军人、退伍老兵等群体的优惠套餐，针对智能穿戴设备的套餐，有助于解决障碍群体高数据量与辅助设备使用的特殊需求。

（三）信息无障碍终端产品成果丰富

美国是信息无障碍产品终端研制推出最多的国家之一，依靠国内高度发展的互联网企业、科技企业、科研机构等，创造了服务视障群体、听障群体、认知障碍群体、老年人群体的许多信息无障碍终端产品。

1. 服务视障者产品

美国国际电话电信公司，研制了一种专为弱视者夜间出行的夜视器，能在夜间搜寻、聚集弱视者难以察觉的微弱光线，加以强化放大，使弱视者眼前出现一片光明。

美国初创公司研发的 Vrailler，是一款手持式盲文标签打印机，通过采用标准的6点盲文单元组合，用户可以轻松地用盲文拼写单词并将其打印出来，制作标签。Vrailler 支持多种盲文语言，适合视力障碍者的亲友、开设特殊教育课程的学校，以及有视力障碍的员工或客户的企业。

美国犹他州大学一位助教发明的机器人 RG，能引导盲人行走在商场的通道里，不会碰撞人群和货架。导购的原理是机器人装有无线电频率发射器，商场的货架上装有无线电频率感受器，当机器人通过天线发出的电波被货架感受器接收时，就是顾客想要购买物品的所在，这时机器人便开口说话传达信息。

ColorTest 是美国上市的一种能识别颜色的仪器，将仪器紧贴在衣服、床单等物体上数秒钟后，仪器会用多种语言（英语、西班牙语、日语、俄语等）告诉视障者物体的颜色，而且能进一步鉴别颜色之间的细微差别。

2. 服务听障者产品

Google 公司已经开发出了数十款针对听障用户的产品（如免费实时转录应用 Live Transcribe，音量放大应用 Sound Amplifier 等），让听觉受损人士能够更方便地访问和浏览互联网，结合自动字幕技术与领先的翻译技术，用户将可以克服语言障碍自如观看网络视频。

苹果公司研发的智能手表 Apple Watch，听障用户可以让助听器扮演蓝牙音乐接收器的角色，可以听到在自己周围的声音。可以根据不同的状况来微调设备，例如在餐馆听别人说话的时候，可以有效地阻止外部噪音。

美国领先仿生有限公司（Advanced Bionics LLC）是全球领先的从事人工

耳蜗的研发生产和技术创新的专业公司，依托美国领先的电子技术和全球范围内的研究中心，帮助听力严重受损的儿童和成人享受清晰、高分辨率的声音以及在嘈杂环境下最优质的言语理解力。

斯达克助听器公司主要以生产定制式助听器为主，在全球 18 个国家、33 个地区拥有生产基地，引领着助听器新技术的研发。在新推出的助听器产品中，还融合了智能监测等功能，可以监测身体和大脑的健康数据。

美国法律规定所有的电视节目都包含一个隐藏字幕（Closed caption），以使听力受损的人也能正常观看电视节目。隐藏字幕不仅能匹配电视剧、电影、综艺节目语音内容，同时也能智能识别直播节目语音内容（如新闻、体育赛事、紧急信息等）服务，并进行实时呈现。

3. 服务其他障碍者与老年人产品

Proloquo2Go，美国一款针对语言障碍者的 APP，具备强大的将文字转变为语音的功能，为自闭症、脑瘫、唐氏综合征等说话有困难的用户提供了信息交流的工具。

Google 地图，能够显示"无障碍通行"信息，包括交通路段和营业商店等是否有便于轮椅通行的"无障碍通行"功能，为残障人士、推婴儿车的父母和老年人提供便利。

Wicab 的盲人眼镜，可将图像通过传导装置转换为电脉冲信号，通过大脑视觉中枢还原为拍摄的黑、白、灰图像，从而帮助盲人"看"见周围世界。

埃克苏仿生技术公司（EKSO）的 Ekso 外骨骼机器人，采用多方位感应器实现自动看护，通过帮助患者完成日常生活活动实现下肢的康复训练，如直立行走、上下楼梯和上下坡等。

（四）互联网应用无障碍化效果显著

美国首先在政府机构网站实施无障碍技术改造，同时依托 Google、Apple 等互联网行业巨头在互联网应用的信息无障碍开发上取得了显著的效果。

1. 政务网站改造升级消除信息鸿沟

《美国康复法案》Section 508 专门对有关无障碍的问题做了明确的规定，政府指定了专门的机构信息技术 7R 协调中心（CITA）来负责协助政府机构更好地履行 Section 508。

政府机构网站进行无障碍改造升级，以保证信息服务能够为残疾人、老年人等群体所用。

2. 互联网企业推出多项信息无障碍应用

（1）Google 公司。

Google 公司是互联网应用无障碍化成果丰富的代表之一，公司在网站建设、移动终端系统、计算机系统、应用软件方面均进行了无障碍通用设计。

网站建设方面，视障版搜索网站"Accessible Web Search"能很好地和语音合成软件相结合，残障用户通过其他读屏软件能够听到搜索结果。与正常 Google 搜索的页面相比较，没有多余的复杂功能和登录 Google 的提示，搜索结果的网站布局也非常简洁。

手机 Android Oreo 系统支持同时按音量调高键和调低键来打开和关闭读屏软件 TalkBack，调节软件音量和媒体音量 TalkBack 可自动检测语言并相应地调节朗读方式，支持使用指纹传感器导航。谷歌语音（Google Voice）的语音识别搜索功能可方便视障、肢障等用户群体的使用。安卓平台具有无障碍 GPS 应用，像 WalkyTalky 和交叉路口探索者以及基于可以与 TalkBack 使用的谷歌地图的主流 GPS 应用[①]。

计算机 Chrome 操作系统中的随选朗读功能支持按需进行文字转语音处理，并改进了盲文命令，使得盲文显示屏导航功能具有更快的体验。系统的默认屏幕阅读器 ChromeVox，已纳入稳定版 Chrome 操作系统。基于该系统的 ChromeBook 计算机还将逐步支持盲文设备接入搭配使用，支持触控笔的 ChromeBook 现可通过触控笔菜单使用一项新的镜头放大功能。

应用软件方面，公司对开发的 G Suite 系列应用程序，均进行了无障碍改造。Google 文档中增加了用于盲文显示屏的光标移动功能，能使用盲文显示屏阅读文档中的文字以及在其中输入文字。Google Home 的免触摸致电功能使得用户无需用手操作即可致电联系人。

（2）微软公司。

微软公司采用三种途径支持无障碍技术，一是大众化产品加上无障碍技术性能；二是预留应用接口 API，以扩展现有产品的实用性，支持无障碍技术；三是专为残障人士开发无障碍技术产品。

---

① http://eyes-free.blogspot.com/2010/10/walking-about-with-talking-android.html.

微软规范了基于 Windows 的信息无障碍产品的提供标准，制定了符合信息无障碍要求的标准 MSAA（Microsoft Active Accessibility）。所有运行在 Windows 上的程序，只要在设计中参照了 MSAA 标准，就可以通过辅助技术让残障人士无障碍获取信息。在 Windows 和 office 的应用中，可以支持文字和语言的转换。在微软的网站上，无障碍信息技术专页为无障碍技术开发者提供了大量免费技术资源。

（3）Apple 公司。

Apple 公司 iOS 操作系统中的 VoiceOver，采用手机读屏技术为视障者提供辅助，2009 年，iPhone 第一次增加了无障碍的辅助功能，是电子时代的盲文。当用户一个手指滑动屏幕时，iPhone 就会逐个读出手指经过的内容。打开阅读类的应用后，用两个手指从上往下滑动，即可听到阅读文章内容的语音。借助 VoiceOver，视障群体还可以使用 iPhone 上的所有原生应用程序。

iPhone 为视障用户提供高达 15 倍的放大和缩小功能、适合色盲用户使用的显示调节功能、借用智能助理 Siri 朗读屏幕、辅助手机操作、借助 iOS 键盘实现语音转文字等功能[1]；针对听障用户的特殊需求，iPhone 内置了助听器和声音处理器功能，为单耳重听或失聪的用户提供可选单声道音频，可调节单边声道的音量[2]；为肢体活动能力受限的用户提供了辅助触控功能，用户可定制适合自己的多点触控手势。与 iPhone 系列产品类似，针对听力、视力、肢体障碍等不同残障类型，苹果的笔记本电脑 Mac、平板电脑 iPad 系列产品都内置了无障碍辅助功能。

（4）国际商业机器公司（IBM）。

国际商业机器公司（IBM）于 2000 年组建了全球信息无障碍中心。Web Adapt2Me 技术可以帮助有视力、智力或手部活动障碍的人对网页展示的方式进行调整。IBM 将信息无障碍的需求集成到其开发新产品的日常流程中，组织专门的需求系统部门，将 IBM 研究中心开发的技术和原型转化为可供残障人士使用的产品。盲文打印机、屏幕阅读器等助残产品为残疾人提供了便利。

（5）教育机构。

华盛顿州的公立高等教育机构，为网络课程提供信息无障碍服务，与

---

[1] https://www.apple.com.cn/accessibility/iphone/vision/.

[2] https://www.apple.com.cn/accessibility/iphone/hearing/.

YouTube、Panopto 和其他平台进行带字幕的视频无缝集成。华盛顿大学 IT 部门字幕服务无障碍技术服务（ATS）免费为有限数量的 UW 视频演示提供字幕，包括在高使用率网站上向公众提供的视频。

（五）物质环境领域的信息无障碍服务建设

美国主要在公共交通、公共场所等方面为残疾人、老年人等群体的信息获取与交流提供设施设备保障，尤其在图书馆服务方面提供了多样化的有针对性的服务项目。

1. 公共场所配备无障碍交流设施

《美国残疾人法案》对公共服务无障碍作出了具体要求，规定各州政府、铁路客运公司、其他通勤机构、公共交通系统不得拒绝为残疾人提供服务。要确保残疾人能无障碍进出公共场所，对相应的配套服务辅助设施设备进行无障碍设计，包括轮椅通道、自动感应门、专人开门、残疾人专用开门器、无障碍卫生间等。

2. 图书馆提供全面有针对性的无障碍服务

55% 左右的美国城市公共图书馆网站在主页上显示了为残障群体提供的服务信息，一般是"服务"栏目下设置"无障碍服务"或"残障服务"的二级栏目。提供的服务包括无障碍设施，如残障人士停车位、自动门、轮椅电梯；家庭服务，如送书上门、邮寄材料、提供馆员顾问；辅助技术和设备，如屏幕阅读软件、屏幕放大软件、文字转语音设备、助听系统、大号字体键盘等；替代格式资料，如有声读物、大字本、闭路字幕视频、声音描述视频；网站无障碍服务，如无障碍设计标准、浏览器辅助功能、支持的辅助技术、意见反馈与投诉等。[①]

图书馆为不同类型的残疾人读者提供针对性服务。对听力、语言有障碍的残疾读者，图书馆提供文字标识、图书馆指引小册子、手语工作人员等。对视力有障碍的残疾读者，图书馆则提供图书目录录音播放、听书以及盲人专用计算机等服务，让盲人可以独立检索、阅读图书资料，或者由工作人员协助其查找资料，并帮助他们打印和复印。对于肢体残疾的读者，设置了专用水龙头、电话、厕所、助行架等设施，提供获取高处图书的服务。对不能

---

① 郭亚军、席俊红、刘燕权：《信息无障碍，距离还有多远？——对 146 家美国城市公共图书馆的调查》，《图书馆论坛》2020 年第 2 期。

到馆的残疾读者，图书馆通过书籍邮寄、馆际互借、文献传递、送书上门、电子邮件数字化馆藏文献等服务来满足借阅需求。如今，100% 的图书馆为残疾人提供轮椅过道、电梯等，54% 左右的图书馆为残疾人设置了残疾人专用自习室。美国所有图书馆几乎都为残疾读者提供桌面视频放大器、闭路电视等硬件设备。有的图书馆还为残疾人配备了复印机、可以选择键盘的计算机、为盲人或弱视读者读出文本的软件、放大文本的软件、盲人用的复写器及打字机等。

二、日本：法律标准权威完善，政企合力推进建设

日本社会老龄化严重，根据日本总务省统计局公布数据，截至 2018 年 10 月，日本 65 岁以上老年人口约为 3558 万，占总人口的 28.1%，年增长比率 1.21%，与之相比其他年龄段的人口年增长比率均为负数。

（一）法律覆盖面广，标准权威细致

1. 法律与标准特点

维护残疾人、老年人的尊严。立法以维护残疾人、老年人等弱势群体的尊严为原则，侧重创造条件提高其独立生活和参与社会经济活动的能力。

关注物质环境信息的无障碍交流。日本法律对公共交通系统、公共场所，尤其是对图书馆的信息导航、标识、无障碍阅读等方面进行了具体规定。

权威的网页无障碍标准。以国家级标准中最重要、最权威的日本工业标准制定网页无障碍设计、通信无障碍标准，赋予了标准规范强有力的法律效力。

2. 无障碍基本法强调基本权益与尊严维护

日本宪法与"福利六法"（《生活保护法》《儿童福利法》《母子及寡妇福利法》《老年人福利法》《残疾人福利法》《精神疾患病人福利法》）从宏观层面对弱势群体的权益进行了基本法律保障。《障碍者基本法》《消除残障歧视法》等多部法律强调维护弱势群体的权益与尊严问题。

《障碍者基本法》是保障残疾人权益的基本法，明确规定国家和地方公共团体针对行政信息化和公共领域的信息技术系统多样化的推广，应当特别考虑如何方便残疾人利用，要求中央政府和地方政府应普及无障碍计算机和无障碍信息技术设备，提供无障碍通信服务。

《Re-Japan 2002》信息社会重点建设计划，针对弱势群体拟定了相关的具体法律和措施，致力于为老年人及身心障碍者提供一个无障碍和信息可及的环境。

3. 信息无障碍相关法侧重物质环境信息保障

日本信息无障碍相关法律侧重对公共交通设施、公共场所等物质环境领域在信息标识、无障碍设施设备、信息无障碍服务等方面进行规定。

2005 年，日本政府将《爱心建筑法》和《交通无障碍法》进行合并，修订为《关于促进高龄者、残疾者等的移动无障碍化的法律》，简称《无障碍新法》。对公共交通设施、商业及公共设施、公园和露天停车场等制定了无障碍推进政策，涉及了公共场所标识与导航信息的具体规定。

"图书馆三法"（《国会图书馆法》《图书馆法》《学校图书馆法》）是图书馆残疾人服务法律体系的支柱，为残疾人获取图书信息资源提供保障。"图书馆三法"对图书馆网络服务能力与资源共享效率的加强进行了相关规定，包括学术文献录音图书的制作与提供、盲文图书 / 录音图书全国综合目录、视障用户服务资源的数据采集和电子文献传递服务、数字服务资源共享等。

日本内阁秘书处还制定了《建立先进信息和电信网络社会的基本法》，简称《IT 基本法》，并根据这一法律成立"实现信息无障碍获取标准化调查委员会"，开展无障碍系列标准研究与制定工作。

4. 信息无障碍标准权威细致

《日本工业标准 JIS X8341-3》是日本根据网页无障碍设计指南 WCAG 1.0 针对信息无障碍领域制定的最具权威性与影响力的标准，要求其政府网站须尽力遵从。《日本工业标准 JIS X8341-3》旨在确保和提高老年人和残疾人使用信息通信设备、软件和服务的可访问性，对网站内容的规划、设计、开发、生产、维护和操作中需要考虑的问题制定了一套指导原则。与其同系列的《日本工业标准 JIS X8341-4》则从电信设备与无障碍服务角度进行了具体规定。日本信息通信普及委员会（IAC）在推进电信无障碍中作为推动者起到了积极作用[1]。IAC 制定了《残疾人电信无障碍导则》，用于指导固定电话、传真、移动电话和视频电话等电信设备的无障碍设计。

---

[1] Mitsuji MATSUMOTO，"电信中的无障碍—全球标准化的意义"——2009 年 11 月 2 日日内瓦"联合国残疾人权利公约对 ITU-T 工作的影响"ITU-T 讨论会。

（二）政企合力建设无障碍通信

日本电信领域信息无障碍建设主要包括政府部门的标准制定与监管工作，以及电信运营商的产品与服务开发。日本最大的三家电信运营商均针对残疾人群体提供了折扣套餐计划。

1. 政府部门出台权威通信无障碍标准

日本内务和通信省负责监管日本电信行业。日本信息通信无障碍获取理事会（IAC）对残疾人电信服务和信息通信技术的无障碍获取发挥着重要作用。IAC 制定了残疾人无障碍获取电信服务的标准，即《日本工业标准 JIS X8341-4》，对电信设备，包括固定电话、传真、移动通信设备、可视电话等设备技术标准进行了详细规定。《残疾人基本法》第 19 节也涉及了通信的无障碍获取，要求日本中央政府和地方必须采取措施，对为残疾人提供的电信服务设施作出调整。

2. 运营商提供信息无障碍服务

（1）NTT DOCOMO。

NTT DOCOMO 公司成立了通用性设计推进工作小组，开发了易于老年人与残疾人使用的移动电话与服务，包括适老性设计的手机 Raku-Raku Phone、盲文账单服务、服务视障群体的文本输入软件 Move&Flick、服务听障群体的通讯软件 Mieru Denwa、服务肢体残疾者的辅助输入软件 Simple Flick、帮助老年人与亲属联系的 Tsunagari Hotto 支持服务。在资费服务方面，Docomo 推出了针对残疾人的折扣服务 Hearty Discount，对政府认定的障碍人群提供基本月费折扣、语音邮件折扣、可视电话折扣。

（2）SoftBank。

SoftBank 公司开发的智能手机 Simple Smartphone，专为老年人设计，具有更大的显示菜单和按键，配置了友好的语音操作与搜索功能；针对聋人群体的手语会话词典，帮助普通用户与言语障碍者的交流。智能机器人应用程序 Pepper，可以帮助老年人的物理康复与言语听力治疗。与日本厚生劳动省合作，开发了 Orange Safety Net 智能手机应用，专门用于寻找患有阿兹海默症的走失老人。在服务资费方面，SoftBank 也推出了针对残疾人群体的折扣优惠 Heart Friend Discount。

（3）AU By KDDI。

AU By KDDI 公司组建了集团商业道德委员会和可持续发展委员会，公司针对残疾人开发了可实现文字语音转换的移动电话 Simple Phone KYF36/38，提供盲文账单服务，针对老年群体与第一次使用智能手机群体的智能手机 BASIO 3。在资费方面，AU By KDDI 为政府认定的残疾人提供资费折扣 Smile-Heart Discount，以降低基础接入费、通话费、短信和邮件传输费。

（三）信息无障碍终端产品与互联网应用

1. 盲用终端产品丰富

KGS 公司是针对盲人群体进行无障碍设备生产的企业，开发了世界第一台盲用电脑图像显示器，还有盲文智能备忘录、盲文打印机、盲文标签机、三维复印机、智能眼镜等系列产品。其中，盲文智能备忘录还搭载了兼容 Office 办公软件与 PDF 文件的固件。

Ory Lab 实验室开发了可供残疾人通过互联网远程操控的服务员机器人 OriHime-D，为患身体疾病与有移动困难的人提供就业机会。

2. 多主体积极研发互联网辅助应用

日本残疾人康复协会开发了适用多媒体数字无障碍信息系统 DAISY 的播放软件，自适应多媒体信息系统 AMIS，用于读取播放有声读物。作为一项开源技术，为"服务所有人的数字无障碍信息系统"服务。

AIESEC 公司运营的"电话救助服务"是专门面向听障人士的软件，可通过后台服务人员代理拨打相关求助电话为用户实现医疗、交通事故等紧急求助。

NTT DOCOMO 电信运营商针对老年人与残疾人在通话、发短信、收发邮件中存在的困难，开发了文本输入软件 Move&Flick、服务听障群体的通讯软件 Mieru Denwa、服务肢体残疾者的辅助输入软件 Simple Flick 等智能手机端应用。

3. 智慧养老终端产品丰富

日本是世界上老龄化进程最快、老年人口比例最高的国家，也是世界公认的长寿国。日本一直致力于运用信息科技手段应对老龄化难题。注重智能手机等终端设备在老年人群体中的推广普及，NTT DOCOMO 公司专门开设了面向老年人的"智能手机教室"，教老年人使用智能手机；SoftBank 公司推出了专为老年人设计的智能手机，还雇用了一个"长者团队"，让他们向同辈人介绍使用智能手机的知识。

日本的智能化养老辅助器具科技含量高、种类丰富多样，涉及远程家庭安防、实时定位、家政服务、健康监测、紧急救助等多方面的服务内容，辅助日本构建"没有围墙的养老院"。自 2013 年 10 月起，政府原则上不再批准增建养老院，鼓励发展家庭生活支援机器人，意在通过机器人来解决居家养老中的困难。政府重点扶持移乘搬运、移动辅助、步行助力、自动排泄处理、健康监测、走失监视等产品的研发和推广。著名的汽车制造企业本田、丰田都在进行护理机器人的研发。

日本研发的护理机器人功能丰富多样，涉及生活照顾、健康管理的方方面面。在老人运动方面，有广播体操机器人，带领老年人活动身体；有运动机器人，带动老年人活动四肢。在饮食方面，政府会购买喂饭机器人赠送给养老机构，一年大约投放一两千台。在医药健康方面，有针对居家养老人群的监视用药机器人，对不按时吃药或者重复吃药的，都会发出警报。在生活护理方面，有老人洗澡机、洗头机等机器人产品为老年人提供清洁服务。

（四）物质环境领域信息无障碍建设

日本是物质环境领域的无障碍建设最为优异的国家之一，主要表现在公共交通系统、图书馆系统建设。

1. 公共交通系统提供完善信息交流与导向系统

日本公共交通领域的通用性设计成熟。60% 以上的地铁车辆，80% 以上的地铁车站、公交巴士车站完成了无障碍设施建设，50% 左右的公交巴士采用低地板设计，或为行动不便者安装了自动升降台，30% 以上的出租车做到了通用性设计。东京羽田机场等多家机场还设有服务听力障碍者的手语公共电话亭，提供免费的视频通话与手语翻译服务。

以新宿巴士总站为例，站内无障碍设施完备。盲道形成了完整的通路，低位服务柜台、卫生间设施完善、功能设施做到通用设计等，都体现了对于残障人、老年人等群体的周到考虑。巴士总站与其他交通空间及街道的转换路径完全消除了高差，各功能服务区之间、建筑之间的转换路径真正无障碍。站内辅以清晰的通用导向系统，提供了图形与文字的双重指示信息，导向逻辑、信息传达方式合理，清晰地传达出从巴士总站前往其他区域的路线，使巴士总站无障碍地融合到地区的整体交通系统中。巴士总站、公园、街道、旅游景点等都配备了一定的服务人员为有需要的乘客提供服务，使整个无障碍环境更加完善。

2. 图书馆无障碍设计保障残疾人视听阅读

日本中央图书馆无障碍化，开设了点字图书阅览室、对面朗读室、录音图书专用录音室等。名古屋市图书馆在改建时引进了磁诱导设施，磁诱导设施是专为听障人士开发的声音诱导系统，其发出的信号只有戴有接收器的人才能听到，且不受周围噪声的干扰，用来引导听障与视障人士通行。

日本国立国会图书馆从20世纪70年代开始，就自主制作学术文献录音图书。学术文献录音图书全部是采用DAISY标准规格的数字有声读物和DAISY有声读物，读者可通过互联网获取利用DAISY有声读物。到2015年，国立国会图书馆共制作完成学术文献录音图书2990册件，其中，盒式录音带为2112册件，DAISY有声读物为878册件。针对国内公共图书馆制作的DAISY有声读物及盲文图书资源进行全面采集，通过网络向公共图书馆等机构以及视障人士提供电子文献传递服务，学术文献有声图书也同样提供电子文献传递服务。

"盲文图书/录音图书全国综合目录"于1982年正式推出，读者可利用该目录查找日本国内各公共图书馆、盲文图书馆等机构制作和收藏的盲文图书和有声读物。截至2015年，"盲文图书/录音图书全国综合目录"的成员馆达239家，文献总量达到54万件。

日本东京都立中央馆和大部分区公立图书馆的网站主页引入了SMIL技术，增加带有触摸屏的有声开放电话抽象库OPAL，为残障读者提供有声输入、有声网页阅读、有声E-mail及网页听读版本等多项服务。

（五）信息无障碍服务建设全面

1. 图书馆建立针对不同群体的无障碍服务

日本的图书馆重视残障读者知识技能培训。为了提高盲文水平，日本许多图书馆开展了盲文教室和盲文课堂。为了提高视觉障碍者的电脑技能，不少公立图书馆还准备了电脑教室。有的区公立图书馆对初学电脑的视觉障碍用户进行一对一简单易懂的电脑操作基础教学，对弱视者采用放大电脑画面显示、改变画面显示的设置、声音指导兼看画面等方法，帮助他们扫除电脑操作障碍。为了提高听觉障碍者的手语水平，许多公立图书馆也开展了手语教室和手语课堂，确保听觉障碍者可以通过手语或书写等方式进行交流。

日本图书馆还展开了多样化的有针对性无障碍服务。名古屋市公共图书馆开设有特殊儿童服务，由馆内工作人员定期主动上门走访特殊教育学校；"对面朗读"和"图书部分录音"服务，由志愿者进行一对一的朗读和制作录音图书服务；电子图书与多媒体资料邮寄服务，方便行动不便者获取图书资源。日本许多图书馆还推出了扩印扩写、谈讲会、传统故事服务，充分体现了对老年读者的人文关怀。

2. 利用信息技术消除阅读障碍

日本残疾人康复协会、阅读障碍症协会、图书馆等社会公益机构在消除阅读障碍中起了重要的作用。日本残疾人康复协会于 2001 年启动了采用数字化无障碍信息系统（Digital Accessible Information System，DAISY）技术的项目，以确保阅读障碍症者的信息获取。DAISY 拥有普通音频资料没有的章节、段落、页面跳转，目录导航，字体控制，颜色调整等功能。利用 DAISY 可同步听录音、看图像、调字幕，且被朗读的字幕会自动凸亮，适合各类信息获取障碍者使用。日本残疾人康复协会从 2008 年起向阅读障碍症学生提供 DAISY 教科书，为阅读障碍症群体提供服务。日本残疾人康复协会开发了制作 DAISY 图书的专门软件 Sigtuna DA R 3.0，并免费提供给非营利组织。

3. 重视文化宣传与无障碍意识教育

加强国民无障碍建设意识和责任是无障碍环境建设的重要组成部分。日本不仅对中小学学生群体进行无障碍教育，还注重在职业培训教育中融入无障碍教育，以及对老年人和残疾人的自立自强教育。

（六）无障碍智能终端技术先进

1. 盲用自动导航"AI 手提箱"

AI 手提箱配备了最先进的人工智能技术，能够让盲人自动避开障碍物，以最优路线轻松走到目的地，帮助视觉障碍者像正常人一样，享受街上散步的乐趣。手提箱上装备了摄像头和传感器等，能感知周围的人或障碍物，借助 AI 来预测周边人们的行动轨迹。以箱子主人的位置信息、地图信息等为基准，能够以最优路线领着人到达目的地。如果突然有人出现，箱子会通过震动或声音通知主人。手提箱还配有人脸识别技术，能读取身处附近的亲属、朋友的表情。

2. 导盲机器人

导盲机器人在一定程度上能代替导盲犬工作，为盲人服务。将手搭在机器人的手柄上，机器人就可以根据事先编入的信息，利用传感器检测墙壁等障碍物，通过声音来指引前进的方向。机器人开发部门负责人表示，日本有数以千计的人需要导盲犬，但仍有餐厅及其他公共设施不允许导盲犬入内，因此可以利用机器人弥补导盲犬不太擅长的一些地方。

三、英国：政务信息无障碍先行，包容性理念贯穿信息无障碍的设计

（一）法律法规与标准规范

1. 法律与标准

保障基本权益。法律体系将残疾人、老年人等群体的保护作为反歧视综合法案的重要部分，并保障这些人在信息获取与使用方面的基本权利。在专门落实信息无障碍保护的法律法规中，不仅注重对在使用电脑、手机等现代信息设备时的信息无障碍建设，也兼顾在使用传统信息获取渠道时的无障碍优化。

政务信息无障碍标准先行。在标准制定方面，优先研制实施政府网站的无障碍改造标准，并关注公共场所的信息标识的无障碍传达。

2. 基本权益保障法律丰富

英国法律在综合性反歧视法方面，出台的《平权法案 2010》是一部全面的，旨在消除年龄、身体状况、性别、种族等多种形式的歧视现象的反歧视法案。

针对残疾人群体的基本信息获取与使用权方面，《英国残疾条例》《特殊教育需求与残疾人法案 2001》等对残疾人基本权益的保障提出基本要求，并针对残疾人在政府信息获取、电信与互联网资源使用、文化与艺术作品使用方面均制定了权益保护规定。《反残障歧视法案》认为对残疾人的区别对待，使残疾人不能使用或获得和正常人一样的信息或服务，构成歧视残疾人的违法行为，必须予以纠正。该法案第 4 节 "教育和特殊教育需求与身心障碍法" 还规定，所有的商业网站和政府网站都必须实现无障碍化。

3. 兼顾传统与当下

英国的信息无障碍专门法既有针对新的信息交流方式的立法保护，也有对传统信息获取渠道无障碍建设的规定。这可能与英国传统文化中，对于影视、戏剧、书籍、展馆等信息消费方式的偏好有关，体现了法律的制定充分考虑了本国历史文化背景与民众信息消费习惯。

《通信法》是专门针对有交流障碍的残疾人而设定，保障了残疾人的交流权利。包括对电视、电话、电脑等电子设备，对网络设备，对报纸、杂志、书籍等印刷品，对服务收费等各个方面如何规范用以满足残疾人的正常交流和获取信息的需要作了详细而充分的论述。

传统信息消费方面，《版权法案》不仅给予了文学、影视等艺术作品的原创者以法律上的保护，该法案还特别针对残障人群，额外加入了三个特殊版权以解决残疾人的需要，对无障碍版权的必备要素进行了相关规定。《公共图书馆与博物馆法》在其"职业道德规范"中，强调对弱势群体信息需求和利用图书馆服务的关注，制定了符合残疾人需求的图书馆建筑标准，是信息无障碍法律体系的重要补充。

4. 政务信息无障碍先行的标准规范

在标准制定上，英国政府特别重视政府网站的信息无障碍建设，优先研制适用于政府网站、公共服务网站的标准导则。

《英国政府网站指南》是英国政府门户网站建设的指导性文件，其将"吸引人的，可及的，可用的"列为网站建设 10 项原则之首。为更好专门服务残疾人与老年人群体，英国政府还制定了实现"可及性"的三份导则。《网站对残障人的可获取性》TG102，对网站建设怎样保障残疾人的公共服务权利作了规定。《保证 PDF 文件的可用性和可获取性》TG110，主要针对发布 PDF 文件的最低标准。《在线音频视频指南》TG129，对视频音频内容的可及性和可用性作出规定。英国标准 BS 8878：2010《网站无障碍实施准则》，从过程而非技术角度对网站建设提出非强制性的建设指引。

英国政府非常关注公共场所的信息标识的无障碍传达。2018 年，《无障碍和包容性建筑环境设计标准》BS8300 生效，提供了方便无障碍通行的环境设计方法，提出了无障碍环境标识设计的规范。《英国标准 BS EN ISO 7010》还对公共场所的重要信息标志（如防火标志）进行了规定。

（二）政府网站无障碍化成效卓越

1. 战略上以政府网站无障碍优化先行

相关法律法规政策与新兴科技知识的传达，是确保残障人士能享受普通民众生活的基础，英国信息无障碍建设的首先切入点便是政务信息的无障碍传达。英国在推动信息无障碍上的总体策略是依照"e 政府互通性方案"来实施的。"e 政府互通性方案"是一个针对政府与公共部门的强制性的政策，其明确了在全国公共部门间实现互操作性和通信技术系统的连贯性而采取的技术政策和规则。其中明确指出，必须能让有使用限制或障碍的民众可以适当通过个性化的技术来获取基本的相关服务信息，政府信息系统的设计需要符合英国法律法规，并支持向残障人士、少数民族和那些存在数字鸿沟风险的人们提供方便的信息通道。

2. 通过标准导则指引网站改造

《英国政府网站指南》便是对上述方案的具体化，要求政府网站必须以满足民众需求为中心，考虑不同人群的信息获取方式与习惯，提供易获取的信息呈现方式，实现通用性设计。《指南》共分 6 个章节，主要包括网站管理、网站内容、文件存储与结构、政府网站标记语言标准、网站开发、技术细节与指南。针对政府网站的"可及性、可用性"设计，英国内阁办公室委托中央新闻署出台以下三份导则：

《网站对残疾人士的可获取性》TG102，从可用性最低标准、实施计划、用户资料、无障碍评测、辅助技术、内容设计等角度对网站建设应该怎样保证残疾人士的公共服务权利作了具体规定。在基本标准方面，该导则规定所有政府公共部门网站应至少达到 WCAG 的 AA 级标准；在实施计划方面，对无障碍政策、声明、导航、激励因素方面进行了规划；用户资料则包括了对有障碍群体说明，包括视觉障碍、移动障碍、认知与学习障碍、听力障碍；无障碍测评主要介绍了技术性和非技术性的测评方式；辅助技术上则对读屏工具、盲文显示器、屏幕放大工具、语音识别技术、硬件输入设备、语音支持应用等作了说明；在内容设计上根据 WCAG 标准对语言文字、链接与导航、图像、颜色、排版、表格、动画、影音内容、非 HTML 文件、PDF、演示文档等进行了说明与规定。

《保证 PDF 文件的可用性和可获取性》TG110，规定了发布 PDF 文件的最低标准，从 PDF 如何工作、阅读软件版本、原始数据和 PDF、PDF 安全性、表格和 PDF、可及性与 PDF 等方面制定了 PDF 的相关使用规范。其中，在可及性与 PDF 方面，导则对 PDF 的辅助性访问插件、文档的无障碍性检查、读屏软件验证与测试、使用 PDF 的无障碍声明都进行了规定。

《在线音视频指南》TG129，主要目的是对政府网站上的音视频内容的发布提供更好的实施办法，提供计划、拍摄、发布视频的建议，说明关于视频的许可和权限，以及发布可用性指南与技术标准，此外还提供典型案例以辅助政府网站音视频内容的优化工作。在可用性与无障碍指南方面，导则主要作了如下规定，对影视文件的字幕与台词的实时呈现，对音频信息（背景音、环境等）的描述，允许用户自由控制播放控件中的声音、大小、呈现方式、色彩明暗等，以及避免出现引发光敏感性疾病的影像设计等。

3. 为不同障碍者进行有针对性的设计

根据 2005 年皇家全国盲人协会（RNIB）和皇家全国聋人协会（RNID）等研究机构对欧盟 25 个成员国政府在线公告无障碍服务情况的调查结果，英国的政府网站是比较出色的政府网站之一。

根据《网页内容无障碍指南》WCAG 的标准、《英国政府网站指南》，以及上述中央新闻署所发布的三项导则，英国政府网站针对不同障碍人群进行了优化，充分体现了以人为本的法律标准制定理念，具体表现在以下方面。

对低视力人士、色盲、色弱等人群进行的设计有：使用良好的颜色对比度，使用 Stark 应用模拟色盲色弱视觉效果以方便设计人员，避免单纯使用颜色来传递信息。

对失明人士的设计有：支持键盘导航来方便屏幕阅读器用户，并可使用键盘完成交互；为非文本内容添加替代文本，让屏幕阅读器可读取图片、组件；在需要验证码的地方提供电话、语音验证码；提供快速访问的导航功能，为熟练使用键盘的失明者提高操作效率。

对听力障碍人士的设计主要体现在为视频、音乐内容添加实时呈现字幕。

对移动障碍人士的设计有：支持键盘和辅助器械的交互与导航；考虑到运动障碍人士和老年人操作时的困难，提供更大的交互按钮、选项、链接。

对读写障碍人士的设计有：尽量减少大篇幅的文字出现，对行宽、字号、语言的间接性等进行规定；保持一致性对齐方式，统一网站的排版方式。

对老年人的设计主要有：使用较大的字号，更适合老年人点击习惯的交互组件；减少手动拼写输入，提供语音等其他输入方式；网站布局和站内页面导航更加简明清晰。

（三）包容性设计理念凸显

英国的无障碍设计摒弃专门为残疾人设计思想，强调包容性设计理念，认为产品和服务能在无视年龄差和个人能力情况下，应尽可能满足绝大多数使用者。包容性设计是一种寻求公平对待所有人避免特例的设计理念，贯穿这一理念的英国法律和标准规范，恰恰体现了英国对弱势群体在人格上的尊重。

英国的公共建筑无障碍建设以英国标准化协会《无障碍和包容性建筑环境设计标准》BS8300：2018 为指导，不仅考虑物质环境中的基础设施设备（如建筑出入口、通道、停车位、卫生间、交通工具）的无障碍设计，同时也特别对无障碍信息标识设计进行了详细规范。标志是指被设计成文字或者图形的视觉展示符号，其目的是为使用者提供清晰的且易于理解的方向、信息以及引导，标志是可以帮助人们理解环境和行动信息的一种直观的手段。利用标志设计达到信息的无障碍是英国公共建筑中无障碍设计中非常重要的部分。BS8300:2018 对室内外公共建筑中使用的信息标志的语言、位置、照明、大小、样式、触感、色彩、材质等均作了具体规范。

四、澳大利亚：国家战略高度，社会团体积极参与

澳大利亚残疾人比例较高，且老年人残疾比例超半数，老年人口总体数量和比例不高，但呈现逐年上升趋势。根据澳大利亚统计局的数据，截至2015 年底，残疾人口总数约 429 万，占总人口比重为 18.3%。并且，65 岁以上的老年人口中有 50.7% 具有残疾。截至 2016 年底，65 岁以上老年人口约367 万，占总人口比重为 15.2%，相对其他欧美发达国家不高，但老年人比例正逐年增加。

（一）法律法规与标准规范

1. 法律与标准

法律完善，标准众多。澳大利亚建立了包括联邦政府法规政策、各州与地区政府法规政策、各行业领域信息无障碍政策的三级法律与标准体系。

适用人群广泛。澳大利亚无障碍环境立法以《1992年残障歧视法案》为基础，法案中的身心障碍者不仅包括残疾人，还包括儿童、老年人、孕妇等行动不便者。适用对象的明确使得社会公众意识到自己即使不是残疾人，在某一天也需要无障碍设施，从而更积极地投身到无障碍环境建设中去。

非政府组织积极参与标准制定。澳大利亚学习联盟、银行业协会、人权委员会等非政府组织积极参与标准制定，发挥了社会团体的重要力量。

2. 联邦政府法律提供基本权益保障

澳大利亚联邦政府《残疾人歧视法案》反对任何对残障人群的歧视，所有社会成员享有同等参与社会生活，享受社会经济发展所提供的服务的权利。该法案第24节明确规定任何人提供的商品、服务和设施都不能对残障人群构成歧视，必须确保他们能够同等使用。

澳大利亚政府信息管理办公室出台的《网络出版指南——信息无障碍》致力于保障政府服务的公平和无障碍，其中包括无障碍政府服务，并提供网站无障碍技术资源。

3. 地区政府法律法规侧重网站优化

首都堪培拉直辖区于2008年公布了《网站开发和管理标准》，该标准是一份资料翔实的技术参考书，为如何使网站达到最大化受众提供了技术标准。南澳大利亚于2005年公布了《政府网站标准》，该标准第2节规定，政府网站必须充分考虑无障碍问题。在网站的设计、开发和运行期间，要照顾到不是主流电脑的用户、各类残障用户的实际需求。该标准的第3节，对网站的无障碍做了全面的细节上的规定，为南澳大利亚公共服务类网站无障碍提供了政策和技术保障。

4. 各领域信息无障碍标准导则丰富

澳大利亚行业信息无障碍政策主要从微观角度出发，针对解决残障人群图书馆使用、教育、商业与金融服务等方面可能存在的障碍。

澳大利亚国家图书馆制定了《残障行动计划》，指出作为服务提供者的图书馆要做到确保残障人群能够充分利用图书馆信息资源。《残障人群图书馆标准指引》指明图书馆应提供给残障人士各种形式和格式的适合残障人群自身特点的资源，特别提到了残障人群如何访问图书馆互联网资源。

澳大利亚政府公布的《残障教育标准》指出：教育服务提供者必须考虑

残障学生的学习需要，在教学和培训的各个环节设计、开发适合残障学生学习的资源。

澳大利亚学习联盟发布的《内容开发无障碍说明》旨在确保通信、在线资源和著作工具遵照澳大利亚相关无障碍法律，满足残障人群的需要。

澳大利亚银行业协会出台的《银行自动柜员机标准》《自动电话银行服务标准》《网上银行标准》等标准，致力于确保老年群体和残障群体尽可能地无障碍地使用自动化设备、网上银行、电子银行业务。

（二）信息无障碍上升到国家战略高度

2002 年，澳大利亚人权委员会制定了《互联网访问：残疾歧视法案说明》（3.2 版本），该法案旨在帮助网站开发人员和组织遵守这些规定。澳大利亚政府对无障碍建设的高度重视，突出表现在将信息无障碍上升到了国家战略层面，并着重政府网站的无障碍化。

1. 制定无障碍国家转型战略

2010 年，澳大利亚政府制定了信息无障碍国家转型战略，以政府采用 WCAG 2.0 标准为先导，改善政务网站的信息服务。该战略规划包括三个阶段。第一阶段，准备阶段，主要是评估当前无障碍网站建设情况以及基础设施情况；第二阶段，转变阶段，通过教育培训，采购，技术设施升级为下一阶段准备；第三阶段，实施与评测阶段，即对战略实施情况的综合评估与控制。

2. 为战略实施制定数字化服务标准

在信息无障碍国家转型战略这一大背景下，澳大利亚政府制定了针对政府网站的数字服务标准，在第 9 章明确提出了使数字服务无障碍的要求，要确保残疾人、老年人、不同语言用户、不同文化背景用户、不便于获得数字服务的偏远地区的用户、不同设备用户等的权益。并且，根据该标准还制定了《无障碍和包容性》导则，介绍了无障碍建设对作为多民族多文化的澳大利亚联邦的意义，对语言、链接、图片和替代文字、视频、PDF 文档、辅助技术与工具进行了规定。

3. 建立 ICT 采购标准，服务障碍群体工作就业

在信息交流技术设备产品采购方面，建立了 ICT 采购标准，澳大利亚标准局规定澳大利亚公共服务部门直接采用欧洲标准（EN 301 549）作为澳大利

亚 ICT 采购标准。该标准的制定与实施主要体现了澳大利亚政府对残疾人就业与职场工作交流中的保护，大力支持障碍群体获取信息通信技术，并为国内信息通信技术采购者提供无障碍指南和确定性。ICT 采购标准所使用的欧洲标准 EN 301 549，与《美国残疾人法案》第 508 节和《网页内容无障碍指南》WCAG 2.0 相一致，是一个权威、细致、高要求的标准指引。

（三）社会团体组织积极参与信息无障碍建设

澳大利亚信息无障碍推进中的一大特色，便是非政府组织在法律法规解读与标准导则的制定中做出了重大贡献，这些机构的参与在澳大利亚残疾人平权运动、信息无障碍建设中发挥了重要作用。

1. 澳大利亚学习联盟推动教育信息无障碍

澳大利亚学习联盟发布的《内容开发无障碍说明》的使用对象包括项目经理、多媒体开发者、多媒体分析者和创作者。目的是确保通信、在线资源和著作工具遵照澳大利亚相关无障碍法律，满足残障人群的需要。联盟已发展为国家数字学习资源网络，致力于连通联盟内的学校资源网络，通过各教育门户网站提供数字化教育信息服务。针对信息无障碍推进，发布了《内容开发无障碍规范》，旨在为由于身体、内容、网络等存在障碍的教师与学生提供易于访问的、可用性强的数字内容。同时，还发布了《ESA 网上内容指南》，旨在为网站开发者提供指引，确保他们设计的内容是动态的、稳健的、可用的。

2. 澳大利亚校监委员会推动大学教育无障碍

澳大利亚校监委员会 AVCC，又称澳大利亚大学校长委员会，现已发展为澳大利亚大学联盟，其组织愿景之一便是为澳大利亚乃至国际大学教育在无障碍方面的持续改进作贡献，并将"无障碍"原则放在推进澳大利亚大学教育 8 项基本原则之首。发布了《AVCC 印刷品障碍学生信息获取指南》。印刷品障碍是指由于视力、言语、身体、认知等方面的失能而无法便利获得与阅读教材书籍与电子文献的障碍。该指南的第四节无障碍教学材料，规定了大学有关教学材料格式的指导方针，即教学材料采用何种格式，要考虑到视障学生需要、教学材料本身复杂性和教学主题；第五节信息无障碍存取，明确规定大学确保其网站顺应 W3C/WAI 的《网页内容无障碍指引》，使网站对视障学生无障碍化。

澳大利亚校监委员会还制定了《AVCC 有关障碍学生指南》，第四节就课程设计与评审、课程传递与评价、特殊学习环境如何满足残障学生学习需要提供了具体的设计策略。指南中就图书馆和 ICT 无障碍如何满足残障学生生活、学习也做出了具体规定。

3. 澳大利亚银行业协会推动数字银行服务无障碍

澳大利亚银行业协会成立了无障碍工作组，制定了一套可访问设计原则，涵盖了银行服务的所有领域。其提供的无障碍服务标准与政策主要有：

2019 年新版《银行业准则》在第 4 部分，第 13 章、第 14 章、第 15 章明确提出了银行服务的包容性与无障碍的要求，并且要对包括老人、残疾人、伤病患者、低收入者、偏远地区等弱势群体提供额外关注。《银行服务无障碍原则》具体化了无障碍规定，包括一般可访问性、数字渠道（网站和手机银行）、设备设计和使用、电话服务、语音识别服务和 AI 服务、客户认证相关服务等方面的要求与指引。《银行自动柜员机标准》《自动电话银行服务标准》《网上银行标准》等标准指南，对涉及现代化信息设施设备的银行服务进行了具体规定，确保老年群体和残障群体尽可能地无障碍地使用网上银行业务。

4. 澳大利亚人权委员会

澳大利亚人权委员会旨在保护老年人、残疾人的基本权益，信息获取与使用权益是其中的重点之一。

1997 年，委员会发布了《被忽视的消费者——澳大利亚残疾与老年人口的 20%》，指出不应忽视障碍群体在电信信息产品消费上的需求。并提出在标准制定、产品开发、政策激励、教育培训等领域展开无障碍推进工作的建议。

2000 年出版的《服务澳大利亚残疾人与老年人的电子商务无障碍和新型信息服务技术》，将互联网、自动柜员机、网络银行服务等纳入无障碍建设范畴。

2010 年公布的《万维网无障碍：残疾人歧视法案咨询说明》4.0 版本，虽无强制法律效力，但详尽阐述了信息无障碍的必要性，解释了联合国《残疾人权利公约》和澳大利亚《残疾人歧视法案》，从信息平等和网络信息无障碍可行性角度提供了建议，并且对网站设计者如何在不牺牲网络通信内容的丰富性的情况下，最大限度地减少残疾歧视的可能性提出了建议。

2015 年发布的《澳大利亚公共服务通信技术——转变的需要》提出：在

政府与公共服务部门的工作中，要提高无障碍信息技术产品的普及，为障碍者提供更多就业机会与更加便利的工作环境。

2016 年发布的《全体可及：提高障碍消费者的可及性》提出了让消费者信息可及的倡议，主要从消费过程与服务方式的角度，为如何实现产品、建筑、交通、援助动物、网络、重大活动方面的信息无障碍建设提供建议。

五、加拿大：立法多层级保障，公共服务信息无障碍注重细节

加拿大人口约 3700 多万，其中有残疾人 360 万，大约占总人口的 1/8，是残疾人占总人口比例最高的国家。到 2025 年预计加拿大的残疾人与老年人将会占到总人口的 50%。在加拿大，残疾人日常生活非常便捷。多年来，加拿大政府不断制定并完善保障残疾人权益的政策和措施，努力为残疾人创造无歧视、无障碍的和谐社会环境。

（一）法律法规

1. 法律与标准

立法完善，多层级保障。加拿大有关残疾人等弱势群体的立法相对完善，从联邦到各省级的立法，多层次保障残疾人权益。加拿大各省都有与残疾人有关的法律，省级的法律更加明确具体，并对各参与方的责任提出了要求，进而增强了法律的约束力。如安大略省 2001 年出台的《安大略残疾人法》[①]从商品与服务、网站、出版物、就业、政府资助的项目以及政府部门的无障碍计划等方面对政府的责任提出了明确的要求，要求企业提供包括信息利用、客服服务、就业等方面的商品和服务。

2. 立法注重非歧视原则

加拿大将对残疾人人格尊严保护的思想渗透在每一部法律中。1982 年出台的加拿大宪法《权利与自由宪章》明确规定，每个人在法律基础上拥有平等权利，任何人不得因种族、来源国、肤色、宗教信仰、性别和精神及生理残疾而受歧视；《加拿大人权法》要求，禁止在服务、住房、就业和宣传出版方面因种族、来源国、肤色、宗教信仰、性别、婚姻、家庭以及残疾等原因歧视他人，并包含网络在线服务等内容，确保残疾人的权利得到全面的保

---

①Service Ontario. Ontarians with Disabilities Act [Z]. http://www.e-laws.gov.on.ca.

护。《加拿大人权法》的地位仅次于宪法，具有绝对的指导性作用。加拿大通过突显非歧视原则的法律保障，力争为所有公民营造一个人人平等、尊重他人、权利共享的社会，进而使残疾人也可以无障碍、有尊严地生活。

3. 政府设立多种政策补贴项目

加拿大政府设立了多项对残疾人进行补贴的项目，以保障残疾人体面、有尊严地生活。加拿大为残疾人提供教育、就业、住房等方面的保险补助，减免残疾人税收。在保障残疾人享有与健全人同等的教育机会方面，政府专门为残疾学生设立了赠款，经济困难的残疾学生还可以申请免除偿还贷款。政府通过设立的"残疾人机会基金"等项目，资助残疾人接受就业创业培训，并为残疾人提供优惠的贷款支持。

（二）重点推动政府网站无障碍

1. 标准规范引导政府网站优先无障碍优化

1998 年，加拿大政府在 W3C 制定的网页内容无障碍指南 1.0 版的基础上，进一度制定了关于政府网站的外观与感觉一致性规范（Common Look and Feel Standards for the Internet，CLF），并于 2000 年正式由财政部部长批准通过了 CLF 1.0。此后，CLF 1.0 又经过了多次修改和完善，目前已完成 CLF 2.0。CLF 规范秉承以用户为中心的理念，要求保证所有用户，不受身体机能和地理位置等限制，都能公平和自由地访问加拿大各级政府用户网站。该项规范主要针对网站的菜单栏、导航条、颜色、页面框架等内容进行了具体的说明。

2. 网站无障碍评测推进政府网站无障碍建设

为保障无障碍标准落地执行，政府网站无障碍建设落到实处，加拿大政府要求政府门户网站必须通过无障碍评测。该项评测工作由加拿大公共建设与政府事务部门负责，涉及的机关和部门需要与之签订合同以获得由公共建设与政府事务部门所提供的相关评测工具和评测服务[1]。该项评测服务可根据部门的网络类型（互联网、企业内部网等）灵活地提供评测服务。

无障碍评测主要涉及两种类型。一种是基于软件工具的自动检测，A-

---

[1] Sri H. Kurniawan. How Accessible Are Web Information Resources for Students with Disabilities?. Computers Helping People with Special Needs. Springer Berlin Heidelberg, 2002.

Prompt[1] 是由加拿大多伦多大学的自适应技术研究中心（Adaptive Technology Resource Centre，ATRC）与美国威斯康星大学联合开发的一款免费检测软件，可依据无障碍网页设计标准对网页进行无障碍检测。

另一种是基于专业技术人员的人工评测，适用于检测软件工作无法做出判断与检测结果的情况。另外，最直观体现网站无障碍优化效果的方式是安排若干种类型的残疾人用户，尤其是视障群体，尝试体验被测网站，然后通过问卷等形式收集用户体验情况，最后形成评测报告。

（三）公共服务中的信息无障碍

1.图书馆信息无障碍服务细致周全

加拿大主要采取民间主导的模式开展公共文化服务的管理，主要通过政策法规营造良好的文化氛围，以鼓励各类文化机构团体实现自我生存。加拿大的非营利组织和非政府组织是开展公共文化服务的中坚力量[2]。

加拿大盲人协会图书馆是加拿大图书馆残疾人公共文化服务的中心，是加拿大最大的制作"可替换格式文献资料"的机构。该图书馆为视障群体提供广泛的文献转录服务，包括转录音乐、图表、政府文件、教科书、期刊文章、日历等等[3]。一旦残疾读者有需求，则可联系残疾读者中心，由其进行书本的格式转换，一般在2—4周内可获得已经转换的书本材料，提高阅读障碍者的信息获得能力。图书馆还为残疾人提供各种辅助技术，通过设立基金等形式支持公共图书馆文化服务的发展。

加拿大许多图书馆在基础设施建设方面都充分考虑到了残疾人、老年人读者的特殊需求，充分保障他们的便利。滑铁卢大学图书馆在馆外设计了专门的轮椅通道，并直通自动滑动门，在馆内则设有触觉数字、象形图、盲文等不同形式的标志引导残疾人读者。纽宾士域大学图书馆为残疾人设有专用停车位；布鲁克大学图书馆在馆内阅读室配有各种高度的桌子和椅子，方便残疾人的自行选择。大多图书馆都具有平板式扫描仪、人工朗读软件、文本

---

① 晏尔伽：《图书馆网站易用性研究——基于 A-Prompt 软件的分析》，《新世纪图书馆》2008 年第 2 期，第 65-68，20 页。

② 金鑫：《我国图书馆残疾人公共文化服务均等化研究》，辽宁师范大学。

③ 孔令春、娄海波：《让公共文化服务的阳光洒满城乡大地——从国内外模式和国内经验的视野来看文化公共服务均等化》，《中共石家庄市委党校学报》2012 年 14（1）期，第 41-43 页。

放大软件、盲文翻译软件等为残疾人读者配备的服务设施。

残疾人读者可以通过图书馆的检索工具搜索到想要的文献。加拿大的图书馆在其网页上做了无障碍声明，提出为保障图书馆网站的无障碍，应减少网页结构复杂性，采用少表的布局和设计来简化屏幕阅读器的导航，提高网站可访问性，并采用自适应技术，提供字体缩放等功能。

2. 广播及电信无障碍服务

加拿大通过法律法规促进广播及电信对残疾人的无障碍服务，要求广播公司对所有电视节目中的语音内容提供相应字幕，其中推介内容和广告除外。要求广播公司每周为视障群体提供不少于 4 小时的视频描述服务，这些节目需要描绘出屏幕上的图形。

在电信服务方面，政府要求所有的有线、无线、网络语音电话服务提供商为客户提供文本电话传递服务，以便于听力障碍或语言障碍的用户通过文本电话与健全人通话。电信服务提供商通过安排文本与语音转换接线人员来实现该项服务。

（四）群策群力推进无障碍发展

1. 多部门联合引导和促进辅助技术的应用

加拿大政府多部门协作，促进辅具技术发展，包括工业部、交通部、广播电视和电讯委员会、人力资源与技能发展部等。

加拿大工业部对辅助技术的国际发展态势进行跟踪，并向有关组织机构、企业和大众普及相关信息。该部门设立了辅助器具与残疾人咨询委员会，委员会中 50% 以上是残疾人。新技术给予了残疾人平等地融入社会的机会，同时也容易带来新的障碍，工业部积极推动相关的政策、法规的制定，以消除信息障碍。交通部负责消除交通运输服务和设施上的障碍，通过制定相关的标准规范来保障空运、铁路、公交运输等的无障碍，已发布乘客终端无障碍、飞行器无障碍、列车无障碍等规章。人力资源与技能发展部设立了多项涉及辅助技术的项目，如无障碍建构资助、就业机会资助、残疾人社会发展伙伴项目等，在全国各地设立了 500 多个服务点，为残疾雇员工作场地进行调整和提供无障碍服务。

2. 多途径监控政策落地实施

加拿大通过各种组织机构来保障相关政策法规的落地执行。各省、市设立了无障碍委员会，委员会由政府成员、残疾人、热衷参与无障碍工作的人员等组成。委员会负责向政府提供无障碍相关工作建议，监管城市的无障碍建设，引导社区、企业等积极参与无障碍建设工作。无障碍委员会还会定期组织讨论会，协助政府制订无障碍年度计划，提交年度报告。残疾人事务办公室负责的工作有监管电信、传媒等方面的无障碍工作。加拿大人权委员会负责处理就业歧视等问题，保障残疾人等群体平等就业的机会，促进全社会人权意识的提升。

六、韩国：着重消除信息差距，市场主体活力迸发

韩国有 250 多万的残疾人，占总人口的 5%，其中 65 岁以上的占比超过40%，45 岁以下的占比近 20%。韩国将残疾人分为 15 类，分别为肢体残疾、脑病变残疾、视力残疾、听力残疾、言语残疾、智力残疾、自闭症残疾、精神残疾、肾病残疾、心脏残疾、呼吸器官残疾、肝残疾、面部残疾、肠瘘尿瘘残疾、癫痫病。其中肢体障碍人数最多，占比近 50%，其次为听力障碍和视力障碍。韩国相对健全的政策法律和社会福利体系，为信息无障碍工作奠定了坚实的基础。

（一）法律法规与标准规范

1. 政策法律支撑社会福利体系构建

作为亚洲经济相对发达的国家，韩国的社会福利工作相对早于其他亚洲国家，社会福利体系相对健全。韩国针对老年人、残疾人福利，出台了一系列的政策法规。

在针对残疾人福利方面，韩国出台了《残疾人福祉法》《交通弱者移动便利增进法》《关于禁止歧视及权利救济残疾人的相关法律》《反残疾歧视及其补偿法》等。在提高老年人社会福利方面，出台了《少子、高龄社会基本法》《基础年金法》等法律条款。韩国的社会福利支援形态逐渐从原先的市场化模式下的政府购买服务向政府统筹下的"地区服务院"的照料模式方向发展。韩国计划于 2022 年完成全国 17 个地区自治体的社会服务院的设立。法律法规和社会福利体系的建立健全为韩国的信息无障碍建设打下了良好的基础。

韩国较早关注到了技术的双刃剑问题，信息技术在促进残疾人、老年人获取信息和利用的同时也带来了新的不平等。对于经济困难的残疾人、老年

人来说，电脑和上网成本高、花费大、缺乏信息技能培训等，导致他们利用电脑和网络获取信息存在障碍。为消除残疾人、老年人在利用信息技术上存在的诸多障碍，韩国政府在 2001—2010 年投资了 45 亿美元用于缩小数字鸿沟，信息和商务部制定了两轮弥合数字鸿沟的规划。

2. 关注残疾人信息获取问题

韩国加入了联合国的残疾人权益公约，是亚洲第二个颁布禁止歧视残疾人法律的国家。韩国制定了多项政策，履行了联合国《残疾人权利公约》的相关条款，其中多项法律提及了保障残疾人信息获取方面的内容。《残疾人福祉法》要求中央政府与地方自治机构要努力改善残疾人获取信息的途径；《反残疾歧视及其补偿法》要求为残疾人的日常生活、信息通信、人际交流等活动提供便利；韩国的《信息法》规定了要保护残障人士、老年人平等地访问和利用信息的权利；《国家信息与通信技术战略基本法》规定，政府机构及公共组织的网站需保障残疾人获取信息的途径；2002 年，《韩国数字设备法》第 7 条被修订，要求保障残障人士和老年人都能利用信息交流技术（ICT）的服务。韩国信息无障碍工作重点主要在无障碍上网、无障碍使用移动应用和针对残疾人的广播服务等。2005 年，韩国修订了《广播法》，要求广播服务提供商为残疾群体提供手语翻译、解说性视频及字幕等服务。政府还在全国范围内设立了手语翻译中心，为听障群体提供帮助。

3. 标准助力信息无障碍建设

2004 年，"ICT 标准化组织电力通信技术协会"（TTA）参考 WCAG 标准，结合韩国国情，制定了网络内容无障碍标准（KWCAG 1.0），2005 年被作为韩国信息通信标准采用。在移动互联网无障碍方面，2012 年，韩国制定了《移动应用无障碍向导 1.0》，2015 年《移动应用无障碍向导 2.0》标准被 TTA 采用。该标准用于指导移动应用程序开发商、设计师和提供商开发适合所有人，包括残疾人、老年人使用的移动应用程序[1]。在媒体无障碍方面，韩国通讯社制定了一系列的标准规范，提升广播服务的无障碍水平，确保低收入阶层、残疾人和老年人等可以自由、平等地收听广播节目、享受媒体服务。

---

[1] Jung B K, Son C Y, Park S W, et al. Analysis of ICT accessibility policy and implementation in South Korea [C]. International Conference on Information and Communication Technology Convergence（ICTC）. IEEE, 2015: 1294-1296.

2015年，韩国修订了无障碍收听广播条例，提出在某些情况下，政府为无障碍方案的费用提供支持，以保障残疾人无障碍获取广播的权利。

（二）网站无障碍水平逐年提升

韩国数字机遇与推广署（Korea Agency for Digital Opportunity，KADO）自2005年开展"年度网络无障碍服务研究"，起初只有少数网站能满足韩国网络内容无障碍标准（KWCAG 1.0），随着一系列相关法律、政策和标准规范的实施，韩国网站的无障碍服务水平逐年提升，尤其是中央和省级政府网站[①]。除政府网站外，其他公共服务机构网站也开始关注网站无障碍问题[②]。

韩国人口老龄化加速，老年人越来越接受网上购物这一消费形式，一些公司专门针对老年人群体的需求，推出了在线购物网站，网站界面简洁、操作简单，并且还专门推出了电话咨询服务，为顾客解答网购和付款方面的问题。

（三）公共服务中的信息无障碍

1. 图书馆无障碍助力消除信息差距

残疾人、老年人等群体在物理环境中信息获取、信息交流的无障碍也是韩国关注的重点。

2003年，韩国国立中央图书馆建立了由残疾机构和视障图书馆制作的盲文、有声图书等特殊载体资料的统一目录。目录被上传到韩国图书馆信息系统和韩国国立中央图书馆视觉障碍网站，通过目录共享系统提供面向所有用户的馆藏信息细节。

2006年，韩国颁布了《图书馆法案》，将"消除知识信息差距"独立成章，要求图书馆应方便残疾人和信息弱势群体的使用。提出在韩国国立中央图书馆设立全国残疾人图书馆援助中心，援助中心负责制作出版供残疾人使用的读书资料、学习教材、使用说明书等，研发供残疾人使用的信息服务系

---

① Hyun. Longitudinal Study on Web Accessibility Compliance of Government Websites in Korea [C]. Computer-Human Interaction: 8th Asia-Pacific Conference, Seoul, South Korea, 2008：396-404.

② Yi Y J. Web accessibility of healthcare Web sites of Korean government and public agencies: a user test for persons with visual impairment [J]. Universal Access in the Information Society, 2018: 1-16.

统及特殊设备[①]。

韩国图书馆定期为老年人、残疾人、儿童等特殊群体定制形式多样的读者活动，为老年人提供老年读书社团、书法教室、电子设备和网站基础技能培训等活动；为残疾人提供读书治疗、读书心理咨询、影像放映等活动；为低收入家庭举办青少年心理咨询、巡回图书借阅、阅读指导等活动。韩国非常重视公共图书馆从业人员的素质水平和专业技能，图书管理员实行职业资格认证制度，专业的服务人员也在一定程度上提升了对特殊群体的服务水平。

2. 交通无障碍优化重视细节

韩国肢体残疾人占比较高，因此格外重视交通出行的无障碍，大力推进交通无障碍化。

2005 年，颁布了《交通弱者移动便利增进法》，要求在交通车辆、旅客设施以及道路上增加便利设施，方便交通弱势群体出行，促进他们平等参与社会生活。专门研制了方便残疾人乘坐的残疾人移动车辆，在车辆上安装了升降座椅、轮椅升降机等设备。部分巴士安有电动无障碍坡板，在地铁入口设置轮椅升降台，方便乘坐轮椅的残疾人搭乘交通工具。

在航空无障碍服务方面，除在机场安装无障碍设施外，韩国航空公司还会提供专业、规范化的无障碍服务。在乘客购票时，对于有特别需求的旅客可以申请特殊援助。当视障乘客到达机场后，经过专业培训的地勤职员会通过一系列的手势引导视障乘客安检，上、下台阶和停止前行等都有专门的手势提醒。若遇到语言沟通障碍，还可通过翻译软件进行无障碍交流。

在韩国出行，残疾人专用设施和信息标识随处可见，残疾人专用紧急情况呼叫铃、残疾人专用上车口标识、残疾人专用停车场标识等。在公共场所的自动扶梯处、上地铁的安全门旁还能看到盲文的提示信息。即使在郊外，公交车站也会安装语音播报装置，当某路车即将到达时，语音播报装置会进行提示，为视障群体提供了便利。

（四）注重老年人信息技能普及

越来越多的老年人开始使用智能手机，韩国的智能手机普及率在全球处于领先地位，60 岁以上的人群中，超过 70% 的人使用智能手机。

---

① 李炳穆、太贤淑、段明莲：《韩国图书馆法》，《图书情报工作》2008 年 52（6）期，第 6 页。

韩国政府及电信运营商通过普及智能手机的使用，鼓励老年人参与社交。韩国政府投资在全国开展教授老年人使用社交媒体及智能手机的课程。韩国电信（KT）与政府部门合作，每月在全国范围内开设 8 到 16 个课程，教授老年人如何使用智能手机和社交网络。通过智能手机在老年人群体中的推广普及，极大地丰富了老年人群体的生活，他们通过社交软件和朋友们互动、交流，甚至和旧友们恢复了联系。

（五）信息无障碍终端企业及产品

1. 三星电子

在移动通信终端方面，三星手机具备无障碍服务模式，方便视障用户操作。在语音助手的帮助下，不仅能自如地打开智能手机中的各种应用程序，启动相机，还可以清楚地知晓有多少人在相机的对焦框内，从而准确地进行拍摄，让视力障碍的人群也拥有了拍照的主动权。

在智能家居方面，三星推出了中老年人电视，不仅解决视觉、听觉弱化的问题，还内置腾讯 QQ 接收孩子们传输的图片。为服务听障人士，三星 TV 为听障人士特别设置了蓝牙耳机，保障了电视扬声器和蓝牙耳机可以区分音量，但却可以同时观看同样的内容。方便正常人在不需调大电视音量的前提下也能和患有听力障碍的人一起享受他们喜欢的节目。三星与瑞士洛桑联邦理工学院（EPFL）的神经修复中心合作研发了一款用脑电波来控制的电视，其旨在为四肢瘫痪等残障人士带来特殊的交互体验，通过脑电波切换频道、调节音量。

2. LG 集团

在移动通信终端方面，LG 于 2020 年推出了新的翻盖手机。该手机带有两个屏幕和入门级规格，支持 4G，作为一款便宜的入门机，适合预算有限的用户，而且适合老年人和更喜欢简单手机的消费者使用；提供 AI 语音服务，当用户询问有关天气、日期、时间和简单计算的问题时，AI 语音服务会识别并回复，适合视障用户使用。

在智能辅助器具方面，LG 电子公司推出了专为老年人和行动不便者设计的智能行走辅助器，机器可以感知使用者步行速度，自动提供扶助，中途需要休息时还能伸出座椅和靠背，像电动轮椅一样缓慢前进。

七、新加坡：重视阅读障碍问题，发挥科技助残作用

2019 年，新加坡总人口 570.36 万人，65 岁以上人口 58.17 万人，占总人口的 10.2%[1]。新加坡政府很早就将老龄化问题提上了日程，在政策法律、城市规划、社会宣传上都做了很多部署。

（一）重视消除阅读障碍

新加坡非常重视为阅读障碍症群体，特别是为阅读障碍症学生提供服务。在新加坡，阅读障碍症的社会认知度较高，教育部、阅读障碍症协会等都在消除阅读障碍方面做了大量的工作。

借助社会团体力量，运用经济手段进行调控是新加坡阅读障碍症群体教育的最大特点。新加坡教育部对阅读障碍症群体教育的支持手段包括成立阅读障碍症协会、提供经济援助和启动阅读障碍症矫正项目。教育部每年为阅读障碍症协会提供 50% 的投入资金，阅读障碍症协会拥有数百名专业的阅读障碍症群体服务人员，并配备心理学家对各年龄阶段用户进行阅读障碍症评估与诊断。协会还成立了阅读障碍症学院，提供专业的培训课程。2012—2013 年间，新加坡教育部选取 42 所小学作为"阅读障碍症矫正项目"的试点学校，为阅读障碍症学生提供小学三、四年级的特殊教育课程，帮助学生提升阅读能力。

在新加坡，通常采用多感官教学方法进行阅读障碍症的矫正，即在阅读和写作（包括拼写）的教学中，通过听觉、视觉、动觉（运动／触摸）相结合的方式，使信息通过多个途径到达大脑，反复刺激并加深学生对信息的印象，是集声音符号知识、口头语言（语法和发音）、书面语言习惯和书写为一体的教学方法。

阅读障碍症协会和儿童测试与阅读障碍症中心还开发了图片卡、语速卡、语速训练等产品。通过促进视觉、听觉和动觉的结合，提高阅读障碍儿童的阅读、拼写与记忆能力。

（二）交通出行无障碍服务细致周到

新加坡的交通枢纽不仅具有配套齐全的无障碍设施，更有处处可见的详

---

[1]Department of Statistics Singapore. https://www.singstat.gov.sg/find-data/search-by-theme/population/population-and-population-structure/latest-data.

细的标识信息。在交通枢纽站内，贴有醒目且位置合理的信息标识，这些标识甚至比手机导航还要详细。步行道分岔处的交通指示牌上明确标识各种无障碍设施的具体位置，充分起到引导作用。

在枢纽内部，由于功能区较多，通过对比色和不同花纹的铺装来划分功能区，让残障人士和反应缓慢的老年人从视觉和心理上得到暗示，表明已经进到另外的区域。此外，在换乘通道、站台、出入口及进出闸机、电梯、洗手间、售票机等关键位置的盲道上均设有警示砖，以示提醒。为便于听障群体乘坐公交车，新加坡的公交候车站设计了不同颜色、不同样式的座椅，几乎每个站都无重复，听障群体可通过候车站座位的颜色判断站点。

（三）推动残障人士融入数字社会

新兴技术快速发展，新加坡提出了"智慧国"愿景，政府致力于让所有国民了解和掌握数字技术，残障人士等群体也不例外。2018 年，提出确保弱势群体也能掌握数字科技，并从科技中受益。超过 450 个组织机构表示支持，参与各项活动的义工约达 3000 人，"工程向善"就是其中之一。

2014 年，新加坡资讯通信发展局（后与媒体发展局合并为资讯通信媒体发展局）提出计划，旨在通过信息通信技术和辅助技术，提高残障人士等特需群体在日常生活、教育、就业及社交方面的能力。资讯通信发展局与相关部门、慈善机构、志愿组织和私营企业等合作，为残障人士使用数字设备等提供解决方案，并为残障人士提供数字技能就业培训，促使他们实现自我价值和经济独立。

2017 年，资讯通信媒体发展局宣布扩大该计划，包括给予志愿组织的资助加倍至每个项目 10 万新元（1 新元约合 5 元人民币），帮助这些组织购买辅助科技等器材。资讯通信媒体发展局也将设立专门租用信息通信技术科技及辅助科技器材的设备库，让残障人士和志愿组织在购买前试用。据悉，残障人士还可把器材带去面试工作，让雇主更好地了解他们的需要。

随着数字营销相关工作变得热门，越来越多残障人士对这方面的培训课程感兴趣。一家名为"实现变革"的私营企业在新加坡政府的资助下，开办了 3 个面向残障人士的课程，包括基础传播设计、数字营销、网站设计与电子商务。通过提升残障人士的数字技能，增强了残障人士的自信心，对其创业就业给予了较大的帮助。

八、欧盟

欧盟约有 9000 万残疾人及老年人，占欧盟总人口约 20%，约有 120 万人患有多重或轻微障碍。欧盟着重考虑利用各种技术手段，帮助残障群体积极地战胜残障带来的缺陷。这种理念下的康复制度主要包括医疗康复、职业康复、社会康复三种方式。在生活、工作中遇到的信息障碍是欧盟各国重点关注的内容之一，欧盟非常重视信息无障碍建设，在 20 世纪 90 年代就开始部署无障碍标准化。

（一）法律法规与标准规范

1. 全力推动相关政策制定

欧盟成员国较多，民族国家多样化对统一政策的制定提出了严峻挑战，不同国家对于无障碍要求的差异带来了一定的壁垒，跨国经营商需遵守不同国家的法律规制而产生了大量的额外成本。欧盟在引导政策制定的理念和方向上发挥了巨大的作用，很好地充当了国际与欧盟成员国之间及成员国相互之间的斡旋者和协调者[①]。正是由于欧盟坚持呼吁残疾人权利是人权不可或缺的一部分，这一原则才被成功地写入权利公约；同时，正是由于欧盟坚持要求欧洲政府和欧洲法院将《残疾人权利公约》付诸实践，欧盟各国残疾人政策才得以落实并取得了长足发展。[②]

2. 无障碍法律涵盖信息无障碍内容

欧盟法律法规的完善程度一直居世界前列。在计算机和通信技术设备方面，出于人权和人道主义关怀的需求，欧洲委员会出台了一系列信息、通信设备和服务无障碍方面的法规政策。

2015 年，欧洲委员会提出了《欧盟无障碍法案》。该法案以欧盟指令的形式，针对主要面向的产品及服务设立了统一的标准，要求成员国须实行无障碍措施。该法案明确提出电脑（硬件和软件）、自助终端（ATM、票务机、值

---

① 谢琼:《欧盟残疾人政策及其对我国的启示》,《理论探索》, 2010 年第 3 期, 第 106-108、120 页。

② United Nations General Assembly（2006）.Convention on the Rights of Persons with Disabilities. Retrieved January 2007, from http://www.un.org/esa/socdev/enable/rights/convtexte.htm.

票机）、银行服务、电子书、电子商务、运输部门的数字接口（飞机、公共汽车、火车、轮船）等，必须从设计开始就要考虑到障碍群体平等使用的可能性。草案对相关产品和服务的总体设计和制造、产品用户界面和功能设计、所涉及的网站服务等方面提出了无障碍要求。

2016 年 10 月，欧洲议会批准了使公共部门机构的网站和移动应用程序更易于访问的指令——网页和移动端无障碍指导。成员国 2018 年 9 月将案文改为其国家立法。指令规定了公共部门机构的网站和移动应用的无障碍要求。成员国应确保公共部门机构采取必要措施，使其网站和移动应用程序更易于访问，使其可察觉、可操作、可理解和稳健。

3. 多个专业组织负责推动标准制定工作

作为欧盟的区域标准化组织，欧洲标准化委员会（CEN）和欧洲电信联盟（ETSI）是欧盟专门从事通信标准研究的标准化机构，它们在推动欧盟信息无障碍标准规范中做出了较大的贡献，出台了一系列与无障碍产品和服务相关的标准，为 ICT 产品和服务设计、开发提供指导设计原则和满足残障人群和老年人需要的设计方法和解决方案。

欧盟的标准规范与国际标准化组织（ISO）和国际电工委员会（IEC）制定的标准内容大致相同，均考虑了需求与技术的映射，但欧盟的标准添加了功能需求阶段。

CEN 残疾人辅助产品技术委员会（CEN/TC 293）设立了 6 个工作小组，包括董事长咨询小组、助行器、辅助功能、假肢和矫形器、修订 EN 12182、轮椅—修订 EN 12183 和 EN 12184，分别辅助相应领域的标准制定工作，已发布近 30 项标准。

2015 年，欧洲电工标准化委员会（CENELEC）通过了公共采购指令中信息和通信技术产品和服务的无障碍标准 EN 301549：2015。该标准规定了信息和通信技术产品和服务无障碍设计的技术要求，确保有功能障碍人群在 ICT 产品和服务的使用中享有平等的权利。此外，还提供了对 ICT 产品和服务无障碍特性的测试和验证程序，同时借助现有的市场监察机制，评估进入欧盟市场的 ICT 产品和服务是否满足无障碍要求。

ETSI 在 1996 年就制定了对于有听力损伤的人群，电话机如何实现信息无障碍设计的标准。从 2000 年开始至今陆续出版了信息无障碍的系列标准。其中包含很多关于不同残障形式对信息获取和利用的需求研究，有很高的借鉴价值。ETSI 下设的人机因素技术委员会（TC HF）为电信设备及电信业务提供关于人机接口方面的标准和规范，包括残疾人和老年人的特殊需求。

　　欧盟委员会 2015 年重新修订无障碍法案，督促欧盟成员国在各个方面保障残障群体和老年人的信息获取权利，其规定电子信息技术、产品与美国的 Section 508 类似，通过法案推进信息无障碍工作，要求政府采购只购买具有无障碍特性的产品，对信息无障碍建设进行鼓励和督促。

（二）各成员国信息无障碍相关工作

　　除欧盟制定了信息无障碍相关政策与法律法规外，欧盟各成员国也纷纷根据各国自身特色，制定了相应的政策与标准规范，尤其在互联网无障碍方面，多数成员国均出台了政策文件及标准规范。

表 6-2-1　欧盟各国互联网无障碍相关政策法规

国家	政策及法规名称	颁布年份
法国	网页无障碍指南书	2005
德国	无障碍信息技术条例（BITV）	2002
瑞士	政府及公共事业部网络无障碍法规	2004
爱尔兰	残疾人信息技术无障碍性指南	2005
西班牙	计算机无障碍法规	1998
瑞典	计算机无障碍指南	1998
荷兰	网络无障碍法规	2003

　　欧盟各国在公共服务信息无障碍、交通出行信息无障碍等方面也做了大量的工作。欧盟各国辅助器具科研实力较强，产业体系较为健全，很多知名品牌的辅助器具的龙头企业总部均设立在欧盟地区，为推进欧盟各国辅助器具的应用做出了贡献。

1. 法国

　　2005 年通过的《残疾人平等权利法案》是法国为残疾人所确立的主要法律保障。法国政府 2015 年设立了从中央到地方不同层次服务残疾人的公共机构，建立了全面覆盖决策、执行、理念和服务的多方联动机制，形成了较为完善的残疾人服务体系。

自 2016 年起，法国每三年举办一次助残国家会议。会议中会集结相关协会、社会医疗机构、社会保障机构、工会以及企业代表、交通部门代表等，充分调动社会各界共同参与讨论相关政策方针和实施方案。

在公共服务信息无障碍方面，法国是文化无障碍服务的先导国家之一。20 世纪 70 年代发起了"障碍与文化"运动，帮助有障碍的人群享受博物馆的文化与艺术。法国也十分重视图书馆在信息交流无障碍中的作用。法国图书馆员协会成立了残障人士服务委员会，旨在要求图书馆员加强对残疾人等弱势群体的关注，提高图书馆无障碍服务水平。该委员会会定期组织关于图书馆无障碍服务的主题研讨会，历届研讨会的主题包括建立无障碍图书馆、无障碍的交流、残障公民与公民交流等等。委员会在促进无障碍服务经验交流、汇聚政府、学术界乃至全社会关注图书馆无障碍服务中发挥了巨大的作用。法国国家图书馆还为所有类型的残疾读者免费提供服务，包括提供便携式电子放大镜、视屏放大器和适用于数字版本和多种语言版本的阅读器等，为听障读者提供手语和即时语音转录服务。法国国家图书馆的官方网站除做好无障碍设计外，还有带有手语版的关于图书馆访问和参观的介绍，举办展览时也会考虑到残障读者的需求，提供大字号及盲文的讲解手册、语音讲解、触摸屏等设备，便于残障群体参观展览。

在网页信息无障碍方面，法国电子行政开发局（ADAE）编写了网页无障碍指南书，该指南书以法国"盲文网"协会开发的无障碍网页标准为基础。2005 年 2 月 11 日，法国政府对公共部门所有的网页服务公告了以网页无障碍指南书为基础的法国法律，规定公共部门网页服务的无障碍改造期限为 3 年，未遵守法规的制裁措施由法律的实施纲要决定。

在电信服务无障碍方面，主要通过电信服务提供商与残疾人组织签订自愿协议来推动。2005 年，法国政府、法国管理机构和残疾人组织一起签订了一个自愿协议，规定了电信服务提供商要提供一些必要且对残疾人舒适实用的无障碍功能。2008 年、2011 年，又在该协议中增加了开发定制产品、建立方便残疾人选择手机的网站、提供残疾人可无障碍获取信息的产品与服务等内容。在该协议的辅助下，法国的每家运营商都提供了 10 多种无障碍手机，并提供盲文或大字打印等服务，还开办了手语新闻、无障碍信息网站等服务。

良好的受教育程度是消除残疾人在生活中的信息障碍的重要一步，法国十分重视残疾学生的教育问题，建立了以"融合教育"为主的先进教育体系。残疾学生走进普通学校，尽量为他们创造平等、无障碍的学习氛围，有助于儿童从小建立社会融入感，减少自我差异化。法国残疾学生中的近70%在普通学校的普通班级就学，30%在普通学校的特殊班级就学。

2. 德国

德国的社会福利体系较为完善，有关残疾人、老年人等弱势群体的社会保障法律也相对健全。1883年，德国颁布了世界上首部《疾病保险法》，成为现代社会保障制度诞生的标志。德国在残疾人立法上经历了从福利资助为主到以康复为主，以帮助残疾人自立为目标的转变。这种转变不仅减轻了社会负担，还带动了整个社会对待残疾人态度的转变。有助于维护残疾人的自尊，鼓励残疾人参与社会，消除自卑感。

《德国残疾人康复与参与法》是一部专门性的残疾人保障法律。该法规定的康复包括医疗康复、职业促进康复和社会康复三方面的内容，旨在为残疾人平等参与社会活动，融入社会创造条件。

在德国，残疾人可申请各种福利津贴，包括疾病保险待遇、工伤保险待遇、残疾人过渡津贴等。除直接的货币津贴外，残疾人还可以申请诸多间接的津贴，包括税收优惠、免费的公共交通、电信优惠、信息交流辅具器具优惠等，为无障碍的信息交流创造了条件。

德国有大量民间自发的残疾人组织，一般都是基于某种残疾类型成立的专项组织。如肢体残疾人协会、盲人协会等。德国政府会给予这些组织一定的支持。他们一方面代表着残疾人的利益，并为残疾人服务；另一方面则代表残疾人同政府部门交涉，从而为残疾人争取到更多的生活补贴以及活动经费。

在信息无障碍方面，德国于2002年开始实施无障碍信息技术条例（BITV），规定所有联邦机构都有义务对其网站进行无障碍设计[①]。另外，近年来德国老年人对信息技术的接受度逐渐提升，智能手机老年用户逐年增多，老年人互联网使用率上升。德国电信最近的一份调查报告显示，德国最活跃的网络使用者是老年人，他们的网络使用时间比其他网民群体要高出许多。

---

① 樊戈：《国内Web信息资源无障碍化建设初探》，《现代情报》2005年第8期，第15-17页。

在智能辅具方面，德国杜塞尔多夫每年举办一届国际残疾人用品及康复设备展览，已经举办了40余年，是全球最大的残疾人康复用品展览会，被誉为残疾人用品及康复领域的晴雨表。展会汇集行业内领先的康复辅助器具制造商，展览来自全球各国的最新产品，为世界各地的专家提供了交流机会。

德国有多家引领国际康复辅具市场的龙头企业。在矫形器和假肢辅具方面，德国的著名企业有奥托博克公司，主要产品有假肢产品、矫形固定器、神经植入产品、康复产品等。其中，米开朗基罗智能仿生假肢手应用肌电控制系统和新型仿生材料，使得智能假肢的外观和触感与自然手接近，并可以实现多种抓握功能。肌电手技术在国外的普及率非常高，相关产品在欧美发达国家的装配量也非常大。在个人移动辅助器具方面，瑞森医疗（Sunrise Medical）公司主营生产和销售高端手动、电动轮椅、轮椅座垫靠背、电动代步车及其他移动辅具。在沟通和信息辅助器具方面，西门子助听器已拥有130多年的历史，在助听器产品创新、助听器品质提升、佩戴舒适度的增强方面不断地努力，以满足消费者所需要的生活方式。视维德（SCHWEIZER）放大镜是视力改善领域的世界顶尖级产品，凭借深厚扎实的科研实力和面面俱到的功能设计，成为广大中老年、近视人群、行业群体喜爱的辅助阅读和鉴定工具。

3. 瑞士

总部位于瑞士苏黎世的索诺瓦（Sonova）集团是全球最广泛的听力保健供应商，致力于为听力障碍人士提供最全面的听力解决方案，产品囊括助听器、人工耳蜗、无线调频系统、通信系统和植入式助听产品，Sonova集团及其品牌占全球助听器市场24%销售额，是全球听力补偿领域的领导者，尤其在儿童助听器及无线调频系统细分市场，拥有独一无二的领先优势。

4. 丹麦

丹麦是国际上发展残疾人事业的先驱国家之一，20世纪30年代初，丹麦就已建有专供残疾人使用的无障碍设施。

在法律法规方面，丹麦在残疾领域的社会保障政策以机会均等为目标，通过补偿原则，能够让残疾人在同等水平上参与所有社会活动。丹麦机会均等原则的另一个核心元素是主流化原则。丹麦全国残疾人事务由社会事务部管理，其他公共部门也必须考虑到残疾人的特殊需求并为其免费提供特殊的服务。

在公共服务及交通出行信息无障碍方面，丹麦路口的红绿灯设有蜂鸣器，丹麦政府在残疾人可能需要帮助的区域设有免费服务电话，只要残疾人需要帮助，通过免费电话可以直接呼叫机场安排服务人员提供免费助残服务。

丹麦拥有大量国际知名的辅具制造商，在残疾人辅具服务领域也有着很高的发展水平和专业素质。丹麦是全球最大的听力王国，在声学、听力学、电子学的功能各个领域都走在世界科技顶端。瑞声达听力集团总部设在丹麦首都哥本哈根，是誉满全球的助听器与听力检测设备生产巨头。瑞声达听力集团的母公司大北集团成立于 1869 年，是世界上最早从事沟通、通讯和听力医疗设备的大型跨国上市公司。瑞声达听力集团拥有全球最先进的听力技术研发中心，并创建了业内第一个数字软件平台，借助先进的数字 IT 技术和听力医学背景，瑞声达开发了与助听器验配相匹配的验配软件、培训软件和声音软件，个性化的验配解决方案确保用户更舒适的佩戴与聆听。

乐高于 2019 年推出一款为视障儿童特制的盲文学习积木"Braille Bricks"，以帮助视障儿童增加学习盲文的乐趣。整套积木将包含大约 250 个颗粒，除盲文积木上有着凸起的盲文字母、数字或符号外，Braille Bricks 和普通的乐高积木在外观上几乎没有差别，使得视力正常的人也能参与游戏互动。

5. 瑞典

瑞典残疾人除了同其他公民一样可以享受医疗保险、疾病保险、失业保险、父母子女保险、住房维修和改造等社会保障以外，还可以获得特别的社会保障，如残疾补贴、车辆补贴、护理补贴和帮助补贴。

1982 年，瑞典《社会服务法》开始实施，该法规定了政府当局的责任，强调地方政府必须使身体或智力残疾的个人能根据其需要选择生活方式，并积极参与社区生活，可以旅行和随意行动，随意出入公共场所等。1994 年实施的《残疾人支持和服务法》扩充了残疾人的权利。该法案规定当地政府必须给残疾人指定护理人员或给残疾人提供资助，使其可聘用护理人员。该法案还对残疾人其他方面的权利作了具体规定，包括专家咨询、陪护居住服务和离家短期居住（以减轻家庭负担）服务，这些服务均免费提供。为残疾人配置辅具方面，瑞典全国以公立、私立及企业运营结合的方式开展，并将辅具服务机构设在医院一楼附近，方便残疾人在医院内由专业人员开具处方后，直接到辅具服务机构由专业人员提供辅具适配服务，实现从医疗救治到辅具适配的零距离。残疾人不需要承担任何费用，其费用由辅具服务机构向政府出具患者需要配置辅具的全套材料后，政府以类似购买服务的形式支付，从而在服务流程、资金流向、服务质量等方面都得到了保障。

瑞典邮电署（PTS）是该国的电子通信与邮政活动的监管机构，每年都有项目资金用于推动电子通信的无障碍，保障电子通信及邮政服务对残疾用户的可用性。PTS 资助过的项目有文字电话的转达服务、视频电话转达服务、针对视障用户的免费文学邮递送达服务、针对人烟稀少地区老年人和残疾人的邮政服务等。

瑞典博动集团（Permobil）是复杂电力轮椅的领军企业，一直坚守用科技弥补障碍的理念，致力于智能轮椅、手动轮椅等产品的研发。博动研发的智能轮椅可连接互联网，在轮椅跌倒时发出警报，方便家人对使用者进行监控。

瑞典 Doro 公司专攻为老年人和残疾人使用的电信与辅助产品。其设计过程采纳了老年人的详细意见并由老年人测试，重点是在家中或路上使用的便利和安全，已经开发了一个完整的残疾人可用的无障碍手机和附件产品线，并在 2008 年就推出了多款老年机。

第七章

信息无障碍典型案例与实践

第一节　地方政府的实践

一、北京市

（一）地方文件

2018 年 9 月 7 日，北京冬奥组委、中国残联、北京市政府、河北省政府联合印发了《北京 2022 年冬奥会和冬残奥会无障碍指南》。《指南》以安全性为首要出发点，体现通用性设计理念，完善无障碍细节要求，同时适应本国特点，加强了信息无障碍、服务无障碍等薄弱环节，特别是突出无障碍环境的系统性、连贯性，促进形成闭合的无障碍环境。

2019 年 4 月 28 日，北京市人民政府办公厅发布《关于坚持以人民为中心推进一体化网上政府建设的工作方案》。该方案重点任务部分指出，要优化政府门户网站，打造亲民、便捷、美观的访问界面，围绕残疾人、老年人、外籍人士等特殊群体需求，不断提升信息获取无障碍水平。并且，要做好政策文件、办事指南的发布和解读，通过优化搜索功能实现企业群众通俗语言与政府文件语言智能关联，确保企业群众对政府政策法规能看得懂、用得上。

2019 年 11 月 22 日，北京市人民政府办公厅印发《北京市进一步促进无障碍环境建设 2019—2021 年行动方案》（以下简称《行动方案》），对城市道路、公共交通、公共服务、信息交流等领域无障碍建设工作作出部署。在信息交流无障碍建设方面，《行动方案》提出，全面实施政府网站以及公共服务应用程序的信息无障碍建设和改造。市广播电视台在播出电视节目时应逐步增加配播字幕，在播出新闻节目时应逐步增加配播手语翻译的时间。鼓励水、电、气、热、通讯、金融、医疗卫生等公共服务类网站及相关电商平台实施无障碍改造。积极推进手机导航、电子地图等的无障碍信息服务。

（二）平台建设

为了让广大残疾人更好地融入社会，实现残疾人"平等、参与、共享"社会发展成果的目标，北京市建立了残疾人信息无障碍交流温馨平台，服务项目与内容包括聋人短信紧急呼叫服务、固定电话与移动电话中转服务、定位导向服务、通信录自助管理服务、信息咨询服务、多方电话会议服务等。

朝阳区第十六届人民代表大会第六次会议上，社工委民政局相关负责人介绍说，2020年朝阳区将启动建设老年人大数据中心。中心将整合市、区、街乡三级数据平台，涉及公安、残联、卫健、民政等部门，开展数据共享和统计分析。建设老年人大数据中心的目的是更精准地开展为老服务。在养老重大决策方面，通过数据的整合和分析，进行事前模拟、事中监管、事后评估。中心成立后，将定期发布朝阳养老的发展指标体系和指数。并且朝阳区将选取公办养老机构，建设"智慧养老院"。通过引进优质智慧养老示范企业和社会组织，利用物联网、生物识别、智慧化沟通辅具等，让入院老人享受到更多的舒心和便利。

为关爱老年人身心健康，帮助老年人科学有效地防控新冠肺炎，切实保障老年人生命安全与身体健康，2020年北京市老龄办与北京师范大学联手，研发"北京市老年人健康关爱平台"并正式上线运行。该平台聚焦疫情防控老年人的身心健康问题，建立"疫情宣教""心理测评""脑智康养""身心调适"四大模块，是开展疫情防控与健康知识宣传教育、缓解疫情期间老年人因认知焦虑产生的心理问题的综合性应用平台。今后，北京市老龄办将不断丰富平台内容，对老龄政策发布和政策解读、老年人健康教育、老年人国情市情教育、老年健康服务指导、医养结合和老龄信息查询等功能做进一步完善，更好地为老年人服务、为北京市老龄事业发展助力。

（三）重要会议

北京市残联2019年全市残疾人工作会议于5月7日召开，北京市副市长张家明出席会议。会议讨论跟进了冬奥赛区、环球影城、新机场、世园会园区等重大项目无障碍建设。同时，北京市将推进美丽乡村无障碍建设，加快构建覆盖各类别残疾人的社区一刻钟、农村30分钟"无障碍服务圈"。拓展"互联网+信息无障碍"应用，探索开发"手语翻译APP"，支持盲人无障碍信息技术研发。张家明表示，无障碍设施是城市文明标志之一，当前和今后一段时间，要将无障碍建设作为一件专项工作，切实抓紧抓好。

2020 年 1 月 14 日，政协北京市第十三届三次会议第 5 天，来自致公党界别的北京市政协委员许槟提案建议，关注老年群体信息无障碍环境建设的推进，建议加强信息"适老化"助力，公共信息等网站可加入信息无障碍设计。许槟建议，政府部门尽快完善老年群体信息无障碍相关法律法规，尽快制定公共信息服务、鼓励互联网行业企业提供无障碍设计和优化等方面的配套法规和规章；互联网行业企业要完善老年群体的信息服务功能，并树立行业认可的信息无障碍规范和标准；各类社会组织要提升自身服务能力，在助老养老服务中强调"科技助老""信息助老"，在全社会形成一个关注老年人信息无障碍事业的良好氛围。

（四）公共服务

北京市北臧村镇政务服务中心以"互联网 + 政务服务"为引领，以触摸屏自助服务终端为依托，为前来办理业务的残疾人开通更快捷的办理渠道。残疾人可以通过网络办理残疾人证、残疾人证变更、残疾人证补办、北京市残疾人参加城乡居民养老保险缴费补贴、残疾人学生和生活困难残疾人子女助学补助申请等业务。

2019 年 11 月，北京市石景山区试点为全区 10000 户老年人家庭免费安装智慧养老信息终端——"一键呼"。"一键呼"是北京市正在推广的智慧服务养老项目，该设备是外表类似电话座机的居家养老服务信息机。通过这台小小的"信息机"，当老人遇到突发疾病时，按下"急救键"可一键接通 999 急救中心。除紧急报警功能外，"一键呼"还提供优质的居家护理服务，按下"居家护理"键，可一键获取理发、修脚、助浴、看护等专业上门护理服务。

2020 年 1 月，北京市开展了政务服务领域无障碍环境建设专项行动。将全市各级政务服务大厅、政府网站及政务服务应用小程序共计 580 余个点位列入工作范围，制定了政务大厅出入口坡化、低位服务设施、信息无障碍等 19 项无障碍建设标准规范，要求全市各级政务大厅配备轮椅和拐杖、设置爱心窗口、提供专人全程陪同、预约办理、手语翻译、志愿者服务等服务项目。市政务服务局将与市残联协同完善市网上政务服务大厅"残疾人服务频道"，为残疾人提供事项"一网通办"、地图指引、政策解读等网上政务服务，打造政务服务领域无障碍环境建设精品示范工程。

2020 年 4 月 13 日，门头沟区政务服务中心无障碍服务专区启用，"无障碍大综窗"开始试运行。按照市政务服务领域相关工作要求和区政府工作部署，在前期建设完成无障碍停车位、坡道、电梯、卫生间等设备设施的基础上，本次新建了无障碍服务专区，设置了低位服务台，专门招录了手语、英语、日语等 3 名咨询和导办人员，录制了系列"双语"办事导航，配备了 72 种语言的智能翻译机，特制了 8 台无障碍自助机，设置了无障碍等候区，让办事人获得"专区专窗专人专办"的暖心服务。门头沟还将在区政府网站、移动端、自助端等办事平台开辟无障碍服务专栏，努力提供更便利化服务。

2020 年，石景山政务服务无障碍建设再升级。区政务服务局、区残疾人联合会携手共建，运用智能化科技化手段，依托第三方手语服务中心，为区政务服务中心、各专业大厅、各街道政务服务中心配备"爱之声"远程手语智能终端，实现全区政务手语服务全覆盖，听障群众在任一政务大厅办事，都能得到无障碍爱心服务。近年来，石景山区政务服务局不断提升办事服务便利化、智能化、信息化，通过手语老师的线上双向同步翻译，为聋哑残疾人无障碍参与社会活动提供了重要的平台，解决了残疾人办事不便、沟通不畅等问题，做到了"视听零距离，服务无障碍"。

二、天津市

（一）地方文件

天津市委"不忘初心、牢记使命"主题教育领导小组办公室于 2019 年 7 月下发《关于开设社区"手机课堂"更好满足老年人智能生活需求的通知》（以下简称《通知》）。《通知》提出：第一，各区委、区政府要紧贴老年人智能生活需求，指导各街镇社区迅速开设老年人"手机课堂"，讲授培训智能手机的基本知识、基本功能；第二，各街镇社区党组织要结合自身实际，创新丰富方式方法，迅速组织力量把"手机课堂"办起来，为老年人学用手机搭建平台；第三，各级党组织要把开设"手机课堂"、服务老年人学用智能手机纳入基层党建的具体内容，作为社区党组织联系服务群众的重要载体，加强领导，精心组织实施。

（二）残运会无障碍建设

全国第十届残运会暨第七届特奥会于 2019 年 8 月 25 日在天津开幕。为保障残运会顺利进行，天津市各大比赛场馆均进行了无障碍设施改造，并且，天津农学院选拔了 267 名大学生志愿者服务此次赛事。目前已经组织志愿者进行迎送服务、比赛服务、礼仪服务、生活服务等各项志愿服务。同时，志愿者还完成了残疾人工作及运动会相关知识、手语、礼仪、红十字急救及助残知识等培训。

（三）疫情防控工作

2020 年 3 月 24 日，在天津市举行的第 104 场新冠肺炎疫情防控新闻发布会上，市残联副理事长王怡介绍疫情期间残疾人服务和基本生活保障工作情况。疫情发生后，市残联迅速开展防控工作：一是发出致全市残疾人朋友的一封信，提示他们做好个人防护，暂停群体活动；二是协调通信局给全市 36 万持证残疾人发送疫情防控手机短信；三是为听力障碍残疾人能够及时了解疫情防控信息、疫情防控新闻发布会增设手语翻译；四是市、区、街（乡镇）三级残联组织开展及时有效的宣传引导，让残疾人保持与社区居委会（村委会）工作人员的沟通联系；五是市残联与市心理卫生协会心理咨询师专业委员会联手开展心理咨询；六是利用网络手段，远程指导残疾人和残疾儿童家长在家进行康复训练，针对残疾人就业服务，制订了残疾人网上招聘就业实施方案，促进残疾人通过网络招聘方式实现就业。

三、山东省

（一）地方文件

2019 年 2 月 22 日，《山东省无障碍环境建设办法》（以下简称《办法》）经省政府第 32 次常务会议通过，以省政府令第 324 号于 3 月 15 日公布，自 2019 年 5 月 1 日起施行。

《办法》共六章，三十九条，对无障碍环境建设职责、无障碍设施建设、无障碍信息交流、无障碍服务和法律责任等作出明确规定。在无障碍环境建设职责方面，《办法》明确，县级以上人民政府应当将无障碍环境建设工作纳入国民经济和社会发展规划，与卫生城市、健康城市或者智慧城市创建工作相衔接，并与老旧城区改造、美丽乡村建设等工作同步实施。《办法》提出应当推动将无障碍环境建设工作纳入文明城市、文明村镇、文明社区、文明单位建设内容，并建立相应的激励和责任追究机制。

（二）网站无障碍倡议

2019年9月17日，山东省委网信办和山东省残联联合发起倡议，呼吁全省各公共服务网站建设和管理单位，关爱老年人和残疾人等弱势群体，为他们获取信息、享有公共服务提供便利，共同参与网站无障碍建设。倡议呼吁各公共服务网站建设按照《网站设计无障碍技术要求》《Web信息无障碍通用设计规范》等国家标准，加强无障碍建设，提升网站的可感知性、可操作性、可理解性及兼容性，满足广大残疾人、老年人平等获取信息的需要。倡议还呼吁各公共企事业单位、新闻媒体、金融服务、电子商务等网站应提升无障碍服务能力，为残疾人、老年人等获取信息、享有公共服务提供便利。

（三）残疾人就业服务平台

2020年2月21日，省互联网传媒集团联手省继续工程教育协会，依托大众云学"云培训"平台，与省残联共同搭建的山东省残疾人技能提升与就业创业服务平台"希望之光"正式上线。"云培训"平台拥有的培训课程，主要分为疫情防控、就业常识、创业培训、职业技能、心理成长等多个板块。学员可通过直播或点播两种形式进行在线学习，疫情解除及线上课程通过后，学员根据自身需求，可在规定时间内到线下培训机构接受实操培训和重难点辅导。平台网页版试运行期间，针对视障人士的特殊学习需求定制的专属APP也正在加紧研发中，将对防疫知识课程和技能培训课程配置语音导引。

四、广东省

（一）地方文件

2018年11月30日，《深圳市创建无障碍城市行动方案》经深圳市政府同意、印发。方案提到，至2020年，深圳将构建无障碍城市政策标准体系，引领和规范各区、各领域、各环节的无障碍建设，全方位、系统化推进创建无障碍城市。

2019年4月3日下午，《江门市无障碍环境建设与管理条例》立法需求调研座谈会在市残联会议室召开，市、三区残联，市直相关职能部门、市盲协、协群社会服务中心等有关单位，无障碍需求弱势群体、社工机构、立法工作的代表出席座谈会。会议进一步了解了江门市无障碍环境建设与管理存在的问题。据了解，《江门市无障碍环境建设与管理条例》在2019年被市人大列为立法计划的预备项目，由市残联负责立法调研、论证和法规起草工作。该条例拟针对江门市目前无障碍环境建设已取得的管理经验和成效，以及无障碍信息交流薄弱、无障碍设施配套相对滞后等实际问题，立法巩固已有成果，体现"弱有所扶"的立法理念。

2019年12月3日，深圳市残工委印发《深圳市无障碍城市总体规划（2020—2035年）》（以下简称《规划》），这是自2018年出台无障碍城市实施行动方案之后，深圳创建无障碍城市又迈出的重要一步。在促进信息无障碍发展方面，《规划》提出，一是要制定和完善深圳市信息无障碍标准和法规体系，以标准和法规为无障碍信息产业发展保驾护航；二是不断提升无障碍信息服务的水平，扩大信息服务范围，进一步提升信息识别服务水平，拓展特殊的信息识别服务项目；三是要建设和完善信息无障碍公共服务平台，系统设计"政务、公共设施、教育科技、公共安全、医疗健康、交通旅游、电子商务"等信息无障碍服务平台，并建立检查和测评机制，开展信息无障碍培训，支持无障碍技术研发与人才培养。

2020年1月17日，广州市人民政府第十五届98次常务会议审议通过了《广州市无障碍环境建设管理规定（草案）》（以下简称《规定》），提出将无障碍环境建设纳入本系统文明行为评估体系，建立无障碍设施验收试用制度，在竣工验收环节邀请残联参加，听取残疾人代表的试用意见。《规定》还要求，市、区人民政府及其有关部门应加强官方网站无障碍信息建设，并将重要的公开政务信息制作成盲文版或有声版提供给市、区公共图书馆，供视力残疾人阅读。

广州市政府公布的《广州市无障碍环境建设管理规定》将于2020年5月1日正式施行。在信息无障碍方面，该规定明确配备手扶电梯或者直升电梯的公共图书馆、地铁站、人行天桥、地下通道等公共场所，应当逐步在电梯处设置语音提示功能；明确鼓励有关科研单位、企业或者个人开展无障碍环境建设课题研究，研发、推广和应用无障碍地图、教学材料、翻译软件等满足无障碍信息交流的技术、产品、服务。该规定的实施，将有效保障残疾人、老年人、伤病患者、孕妇儿童等行动不便者的合法权益，推进无障碍环境建设与经济社会更加协调发展。

（二）标准制定

2019 年 1 月 23 日下午，无障碍城市战略规划和标准制定之"深圳市信息无障碍标准"评审会议在深圳市信息无障碍研究会会议室举行。会议由深圳市信息无障碍研究会对编写的"深圳市信息无障碍标准"内容进行汇报介绍。标准在满足工业和信息化部以及 W3C 相关标准的要求的前提下，主要针对信息通信技术的硬件、信息通信技术中软件，在信息通信技术过程中支持性文档和服务以及 Web 网站网页等内容进行规范要求。

（三）公共服务

2018 年，深圳市气象局与信息无障碍研究会进一步合作，对旗下产品进行一系列的信息无障碍优化。目前，"深圳天气"移动端 APP 的 iOS 版和 Android 版已初步完成信息无障碍优化，让障碍用户也能随时随地获取最新的气象信息，让出行更安全更便捷。新版网站上线一个月内达到了无障碍标准，达到了《网站设计无障碍技术要求》等国家标准要求。2018 年的金秤砣奖评选中，深圳市气象局获得政府信息公开和依申请公开双项金秤砣奖。优化后的"深圳天气"APP，在第四届中国智慧城市国际博览会中进行了展示，受到多方的认可和赞赏。

2020 年，广州城市生活地图采集并上线了全市各个地铁站点的无障碍设施信息，在微信、网站等多个渠道设有页面入口，无论市民是轮椅出行还是手推婴儿车，都能轻松查找合适的站点出入口。据悉，广州现有 14 条地铁线路（含广佛线、APM 线），共建有 271 个车站。其中，广州城市生活地图采集到了 232 个地铁站点的无障碍出入口信息，广州地铁主要为乘客提供轮椅坡道、楼梯升降机、专用电梯以及盲道等无障碍设施。

（四）推动产业发展

2020 年 5 月 17 日，全国首个示范性无障碍事业产业创新孵化基地——深圳市无障碍孵化空间正式揭牌。空间内设四个功能区域，包括运营管理区、开放办公区、展示体验区、加工检测区，主要致力于培育康复辅助器具、无障碍服务等创新创业项目。与其他单纯的产业孵化基地不同，无障碍孵化空间具有事业和产业双重功能，引进了经过全市 200 多万人推介专家评定的优胜项目团队，既有残疾人专门组织，又有康复辅具领域的企业和创业团队，既发展辅具产业，又最大程度改善残障朋友需要的社会效益，探索出一条事业与产业融合发展的崭新路径。目前，已有 12 个无障碍创新项目代表签约入驻，包括有服务于肢体残障人群的外骨骼机器人研发项目，有提供高精度室外导盲、公交助乘、轮椅地图等全系列无障碍出行产品的项目，还有方便心智障碍患者佩戴的国内"最轻、最小"的室内外一体化定位器设备项目等。

（五）无障碍宣传

2020 年 5 月 17 日，是全国第 30 个助残日，深圳市残疾人联合会举行"无障碍·理想城 Talk"直播活动，作为全国助残日的特别活动，邀请国内无障碍领域的著名专家学者，共同探讨深圳无障碍城市建设的意义和途径，以实际行动助推深圳残疾人事业发展。本次活动的主题是"火眼金睛识障碍 腾云驾雾除障碍"，深圳市残联特别打造无障碍城市 IP 新形象——无障碍猴，寓意身心障碍者服务工作人员，都能像孙大圣一样，以火眼金睛去发现障碍，并借助互联网信息技术，清除空间障碍，打破网络障碍，消融心理障碍，让残障者都能自主地、自如地在城市中生存、发展。

五、浙江省

（一）地方文件

杭州市民政局于 2019 年 8 月 13 日印发《杭州市"互联网＋养老"服务工作实施方案》，提出通过建设"五大平台"推进"互联网＋养老"工作推进。一是业务管理平台，主要实现高龄津贴发放一次不用跑、养老服务需求评估移动办、养老服务补贴全流程闭环管理、公办养老机构轮候、养老服务机构安全巡查移动办、协同办等功能；二是公众服务平台，主要实现养老服务"码上办"、养老顾问政策咨询、养老地图服务设施查询、服务热线一键呼叫、服务商城"点单式"服务预约等功能；三是支付结算平台，主要实现依托杭州市民卡一卡支付、开通电子养老卡无卡支付、助餐统一结算及人脸识别支付等功能；四是机构运营平台，主要实现养老机构及居家养老服务中心日常运营管理、家庭养老床位试点、服务商户加盟入网管理等功能；五是数据应用平台，主要实现老人数据仓建设、视频接入、智能物联、统计分析等功能。

（二）公共服务

2019 年 1 月 16 日，遂昌县盲人协会参观体验了县图书馆内先进的视障阅览设备，感受无障碍阅读。阅览室内装配了智能阅读器、盲文点显器、视障电脑系统、电子助视器等视障阅览设备。视障阅览室内共有 400 余册盲文书籍期刊，内容涉及文化、艺术、文学、医学、法律等多个领域，还有 20 余部盲人电影光盘，现有的视障阅览设备能够实现图书文献电子化盲文阅读、语音阅读、网上信息交流等多重功能体验。下一步，还将增加视听设备数量和种类，同时还将开展盲人电脑技能培训、专题讲座、送书上门等服务，实现真正的无障碍阅读。

2019 年 7 月 4 日，"残疾儿童基本康复服务，重度残疾人托养服务一网通办"开通仪式在浙江省金华市残障人托养中心举行。"一网通办"是把政务数据归集到一起的功能性平台。平台投入使用后，残疾儿童申请康复训练、重度残疾人托养申报将不再需要跑路，在网上就能完成。该平台最大程度满足了残疾人的便利化需求，有利于深化助残服务，提高残疾人服务网上办理成效。

（三）公益活动

2019 年 7 月 16 日，浙江省江山市残联为 57 名视力残疾人免费验配"天使眼"智能眼镜，总价值近 17 万元。该款智能眼镜可将视觉图像转化为简洁的语音提示，感知周围障碍物，帮助盲人朋友识别文字、人脸、红绿灯等环境，从而判断活动范围是否安全。江山市残联将以此次活动为契机，继续做好辅具适配工作，为更多残疾人提供精准的适配服务。

六、重庆市

（一）无障碍电子地图

2019 年 12 月 3 日，重庆市肢残人协会等五大协会共同发起了"未来无障碍"大型关爱活动，在活动中宣布启动重庆首张无障碍设施电子地图的绘制行动。电子地图将汇集各种服务残疾人的场所，例如轨道交通、公交、公园、商场和银行等，这些地方无障碍电梯在哪里、无障碍出口怎么走、服务联系电话是什么等信息将一目了然，出行前只要打开地图就可以清晰规划出行线路。

（二）信息技能培训

2020 年 1 月 22 日，重庆万盛经开区图书馆在万东镇塔山社区组织开展老年人数字阅读培训。当天，在万东镇塔山社区图书室，社区老年人齐聚一堂，各自拿着手机认真听着经开区图书馆老师的专题讲解，下载安装并学习使用了支付宝、微信、小红书、大众点评等应用。培训课堂上，老师利用 PPT 大屏幕图文并茂地仔细讲解，一步一步现场演示指导。随着智能手机的普及，让老百姓充分享受动动手指即可掌握更多信息、办理诸多业务的便捷。对于老年人来说，因为用不好智能手机，这些智能生活带来的便利他们就很难享受到，为此也感到十分困扰。因此，在培训过程中，老人们遇到不明白的问题也积极向老师提问，并与老师进行互动交流，极大提升了老年人融入智能生活的能力。

（三）举办网络招聘会

2020 年 2 月 11 日，一场残疾人网络求职视频招聘会在重庆市残疾人劳动就业服务指导中心举行。此次网络视频招聘会是该就业中心在抗击新冠肺炎疫情形势下，按照重庆市残联工作总体部署和要求，主动创新残疾人就业服务模式的一次尝试。就业中心组织用工单位和求职者双方在网络"会面"，让双方"速战速决"，减少人员聚集，提高招聘效率。招聘前，就业中心广泛收集了当地用人单位招聘残疾人用工需求和残疾人求职需求。招聘当天就业中心、用人单位、求职残疾人通过三方视频，沟通工作岗位与福利待遇、求职残疾人身体状况与工作经历等信息。下一步，就业中心将总结推广此次视频招聘会的经验，做到在抗击疫情的过程中确保重庆残疾人就业服务工作不掉线。

七、上海市

疫情防控工作。新冠肺炎疫情防控期间，上海市残联针对部分听力残疾人获取疫情信息较为困难的情况，在市委宣传部和市政府新闻办的大力支持下，自 2020 年 2 月 22 日起，在发布会现场配备手语翻译服务。手语志愿者团队共 6 人，由残联系统选拔，每天轮流在现场提供翻译服务。疫情防控新闻发布会采用手语翻译充分体现了党和国家对障碍群体信息需求的重视，让听力残疾人在第一时间能够准确获取真实的、权威的疫情防控信息、疫情进展和有关政策情况，有利于听障朋友们更好地应对疫情做好防护。

第二节　终端企业的案例

一、华为

（一）产品无障碍优化

在华为 P10 发布之时，EMUI 5.1 系统也随之出炉，这版本的最大亮点是，华为联合了信息无障碍研究会，对 EMUI 进行了专业的信息无障碍优化，一边满足用户多样化的体验需求，一边带动手机厂商关注科技人文化。

在最新的 EMUI 系统（5.1 版本）中，除了专业的视障工程师测试，信息无障碍研究会还找来大量的普通障碍用户试用，直接提供最真实的反馈及建议。经过无障碍优化之后，EMUI 5.1 的 TalkBack 用户体验更加优秀，带来了诸多创新亮点，比如：开机向导支持自主开启读屏（TalkBack），通过 TalkBack 可完成开机向导的各项设置；拨号盘内的数字按键支持抬手上屏，加快用户拨号效率；通知栏内的图标在编辑移动时可提示坐标。

2018 年 12 月 18 日，华为 Mate 20 系列经过泰尔实验室测试，通过《移动通信终端无障碍技术要求》认证。华为 EMUI 基于安卓对 TalkBack 进行了定制开发，结合视障群体的使用需求和习惯做了大量的优化工作，从而让视障人群能够更好地体验到华为手机的各项功能。

（二）无障碍公益行动

华为公司致力于将数字世界带入每个人、每个家庭、每个组织，构建万物互联的智能世界。华为公司也一直积极参与与推动信息无障碍工作，积极利用自身技术研发与技术优势，积极探索各种最新技术如语音交互、图像识别、AR/VR、OCR、人工智能等的应用，用于改善与提升信息无障碍工作，改善与提高残障人士的生活、工作能力等，并取得了积极的成效。2019 年初，华为与西班牙医疗研究机构 IIS Aragon 以及创业公司 DIVE Medical 联合发起 Track.AI 项目，致力于解决如何助力让更多儿童摆脱眼疾。

二、小米

（一）无障碍功能改进

从 2014 年起，小米根据用户反馈，陆陆续续做了很多信息无障碍的手机功能改善。比如，视障人士在接听电话时无法准确找到滑动接听的按钮，小米用"一套系统，两套操作模式"的方式，只要手机开启了无障碍模式，滑动按钮就会自动变为点击按钮。

（二）发布听障无障碍功能

2020 年 4 月 27 日，小米手机举行新品发布会，介绍 MIUI12 系统新搭载的听觉无障碍功能——AI 通话。小米公司开发的 AI 通话的前身为 AI 电话助理，属于 MIUI 无障碍模式中的一个功能，会将对方打过来电话语音转换为文字，然后回复对方设置好的语音模板，但 AI 电话助理并不支持自己打字，只能回复固定的模板，会识别对方语音中的关键字提供 6 个选项。该功能升级为 AI 通话后，解决了这个弊端。用户可以自定义开场语、自由切换自动应答或手动回复，还可以定向自动接听，再也不用在意骚扰电话。

三、OPPO

系统无障碍优化。为了快速降低障碍人群使用 OPPO 手机的门槛，OPPO 在 2017 年已通过与信息无障碍研究会合作，针对视障人群进行手机使用交互习惯研究，同年 12 月开始针对 ColorOS 系统进行无障碍优化，现 R15 搭载的 ColorOS 5.0 版本已支持无障碍使用。

考虑到视力障碍群体无法看清屏幕内容的情况，ColorOS 通过 TalkBack、随选朗读、手势体感、无障碍颜色模式和 Breeno 语音等功能帮助这部分用户了解显示内容。

开启 TalkBack 后，ColorOS 会利用语音反馈屏幕内容，并引导用户进行下一步操作，通过这种方式让用户在使用设备时无需看到屏幕就能了解内容。具备语音反馈的还有"随选朗读"功能，开启后用户只需点按文字即可听到实时语音反馈，拖动复选框则能选择多段文字朗读，同时用户还可以根据自身情况调整朗读语速，非常贴心。

除此之外，用户可以运用"手势体感"设置快捷操作，还有诸如来电时贴耳自动接听、通话时贴耳切换听筒、来电时翻转手机静音等体感功能，进一步提高了操作的便利性。开启读屏与"手势体感"后，视障群体就能体验到更友好的"接听／挂断"交互方式，接听电话更加方便。

值得一提的是，ColorOS 针对色弱人士也推出了颜色定制模式。相比原生的"高对比度文字"，ColorOS 结合色弱人士需求修改文本颜色，提高对比度，使得其不仅适用于文字，还包括线性图标、按钮、开关等，协助这部分群体更好地阅读与操作手机。

Breeno 语音助手同样能够发挥作用。Breeno 识物可以提供图片文字识别、商品识别、语音识别等综合服务。在用户想要进行识物操作的时候，Breeno 扫一扫可以自动对焦，识别准确率较高，对于视障用户的日常操作十分友好。

对于听力障碍用户，ColorOS 也有着解决方式。一是将左右声道的声音合并到可在两个声道上播放的单声道信号，这种做法能将声音放大，使用户可以使用耳机清晰地听到音频，有效地帮助到单耳重听或失聪用户。二是系统里可以设置"来电闪光灯"，用这种方式强提醒用户电话的到来。

如果是行动不便 & 认知障碍用户，可开启 ColorOS 系统内的"无障碍功能菜单"，打开后系统菜单将集中在屏幕界面下半部分，用户能够通过点击右下角的无障碍小人进行操作，方便用户自主调节手机音量、亮度等。另外，ColorOS 还提供了"触摸和按住延迟"与"操作执行时长"，前者支持用户自主设定持续按住屏幕的时间，系统识别出长按动作后再做出响应，后者可以延长消息停驻时间，为用户预留消息反应时间。

OPPO ColorOS 在无障碍方面所做的远不止于此，顺畅的通话体验、友好的生物识别技术都在默默地支撑着所有群体的用户体验。OPPO ColorOS 始终关注残障人士需求，除了定期与无障碍协会专业人士进行会谈，更会向残障工程师征询产品优化建议，共同发现系统的无障碍问题，研究解决方案，打造更优秀的系统体验。

四、科大讯飞

（一）信息无障碍技术研发

科大讯飞作为中国智能语音与人工智能产业领导者，在多项技术上拥有国际领先的成果。自 20 世纪 90 年代中期以来，在历次的国内外语音合成评测中，各项关键指标均名列第一。2008 年至今，科大讯飞连续在国际说话人、语种识别评测大赛中名列前茅。2016 年，国际语音识别大赛（CHiME）科大讯飞取得全部指标第一；在认知智能领域，相继获得国际认知智能测试全球第一、国际知识图谱构建大赛核心任务全球第一。这些技术在政府网站信息无障碍改造、盲人有声电子书、盲人上网软件以及特殊教育课堂教学辅助系统均有所应用。

（二）为视听障碍人群推出产品

2007 年，讯飞联合中国盲文出版社研发了针对盲人的阅读终端产品"阳光听书郎"，可以帮助盲人朋友畅听任何电子书籍；2010 年，基于讯飞开放平台上面向盲人的登录软件，通过了语音操作电脑，帮助实现多屏功能，已经在国内盲人上网中广泛使用；讯飞与香港失明人协进会，NVDA 开发的粤语版读屏软件，也已经成为粤语区盲人朋友必备软件。

2014 年，提供专业移动跨屏适配解决方案的云适配已与科大讯飞达成合作，准备强强联手，共同创造一个基于 HTML 页面开发的移动跨屏阅读零障碍新体验。云适配采用的是基于 HTML5 页面开发的跨屏适配技术，通过与科大讯飞专项定制的 Web 语音接口对接，能够实现为适配后的网站提供语音技术支持。访问用户完全能够在通过语音提示的情况下，轻松完成对页面的访问，从而真正实现无障碍的跨屏访问和阅读。

2015 年，讯飞推出"听见"产品，能够将老师教学演讲内容完整地转成文字，并在课堂上实时展示出来，辅助学生更好地理解教学内容。目前已经在北京联合大学特教学院、邰丽华老师的中国残疾人艺术团的上课场景下应用，相比原来的手语教学，现场语音识别极大地扩展了课堂的信息量，为聋人教学提供了极大的便利，未来还可以为残疾人在知识学习、家居生活、医疗保健等方面提供智能化服务，助力"无障碍环境建设"。

2019 年 5 月 19 日全国助残日，讯飞听见 APP 正式联合中国聋人协会发起的"听见 A.I. 的声音"关爱听障人士公益行动，实现通过借助科大讯飞技术与服务，帮助听障人士"看见"声音，进行正常的交流沟通。

2020 年 6 月，讯飞输入法安卓版升级无障碍模式，建立键盘输入的"盲道"并且支持 Emoji 表情无障碍输入。讯飞输入法新版在无障碍模式上做了诸多适配，支持输入面板和菜单面板的屏幕随选朗读，即便视力不便情况也能无障碍输入文字和表情，打造更友好的输入体验。在操作上，讯飞输入法与安卓系统 TalkBack 交互保持一致，对于特殊人群，现在也可以感受到讯飞输入法丰富的功能应用。值得一提的是，在讯飞 A.I. 新技术支持下，讯飞语音输入识别率高达 98% 以上，实现了"动口不动手"，减少键盘打字的烦琐操作。除此之外，讯飞输入法独家支持 Emoji 表情的无障碍发送，单击任意表情都能听到语音的朗读，提示当前表情的位置信息，还会继续播报表情的名称，进一步丰富了用户交流。

（三）成立"信息无障碍实验室"

2019 年 7 月 27 日，中国残联无障碍推进办、中国聋人协会、北京联合大学以及科大讯飞股份有限公司，在上海诺宝中心签署了关于成立"听见信息无障碍研发与应用联合实验室"的合作备忘，并举行了揭牌签约仪式。科大讯飞将为本实验室提供语音技术方面的研发支持，将人工智能技术应用在听障人士日常生活中，帮助听障人士"看见"声音，进行正常的交流沟通，提升他们学习和工作的获得感。

（四）助力打造首个信息沟通无障碍奥运会

2019 年 9 月 16 日，北京 2022 年冬奥会和冬残奥会官方自动语音转换与翻译独家供应商发布会在中国北京举行。科大讯飞将为赛事提供语音识别、语音合成、机器翻译等产品和服务，保障语言交流的无障碍。充分利用人工智能技术，科大讯飞将助力打造首个信息沟通无障碍奥运会。

（五）为助残应用、辅具提供免费 AI 技术服务

2019 年 10 月 24 日，在第二届世界声博会暨科大讯飞 2019 全球 1024 开发者节，科大讯飞发布了全新升级的《1024 计划》，将人工智能 AI 与教引、生态、公益结合。在 AI 公益方面，科大讯飞将为所有的助残应用、助残辅具类合作伙伴提供免费的 AI 技术服务，以语音技术和产品帮助弱势群体感受科技发展带来的福利。

五、联想

推出 Lenovo Care+ 长辈关爱产品。2019 年 5 月 13 日，联想宣布推出全新 Lenovo Care+ 长辈关爱产品。此系列产品将提供面向老年客户人群的定制权益类服务。联想消费服务业务部总经理杨洁表示，长辈关爱产品的核心是关爱老年人和关注空巢老年人，依托联想服务智慧交付平台可以为老年客户人群提供更专业和更全面的服务。Lenovo Care+ 长辈关爱产品有望让更多老人体会到智能产品的"简易操作"。

Lenovo Care+ 长辈关爱卡提供手机及电脑使用上门指导，让老年人解决问题足不出户；1V1 形式 VIP 专属私人微信管家服务，人工解答手机和电脑使用问题；并提供联想老年大学微信社群支持，客户可以享受视频直播课，课程内容涉及联想及多品牌手机和电脑（苹果电脑除外）的系统及第三方软件使用指导；同时，为老年人提供硬盘分区、安全部署、常用软件安装、预装 Office、远程电脑加速、远程浏览器修复、远程驱动安装和远程应用指导等电脑远程服务服务；此外，客户还拥有到店指导、服务热线和优先服务特权。

在联想提出"联想智慧中国"以来，联想消费服务将通过 Lenovo Care+ 品牌持续为消费用户提供设备和智能家庭解决方案，目前市场上很少有厂商可以提供全套的智能家居解决方案的供应商，专门针对老年人提供的服务平台相对较少。联想服务将 Lenovo Care+ 品牌通过为老年人提供丰富的产品或者服务类型，不限设备品牌，使老年人不需要为单一相关服务寻找不同的服务平台建立链接，节省了老人和家人的时间，也降低老年人对智能化的排斥情绪。

2019 年 6 月 16 日父亲节，联想智慧服务启动了"Lenovo Care+ 长辈帮教日"活动，工作人员进入社区手把手指导老年人操作智能设备，包括使用 APP 缴纳水电费，上网预约挂号、录制一段抖音小视频、拍照或拍视频发到朋友圈等等。而针对老年人容易受到网络诈骗分子侵害这一问题，在指导过程中加入防诈骗的知识，增强老年人的防范意识。除了社区帮教公益活动，联想智慧服务还将大力推广 Lenovo Care+ 长辈关爱服务，通过远程服务与现场指导相结合，改变老年人的智能设备出现故障却身边无人指导的普遍现象。

第三节　互联网企业的案例

一、百度

（一）"信息无障碍"纳入产品规范要求

百度基金会委托百度公司内设的技术标准制定和实施机构"平台化委员会"和用户体验部，对产品技术和设计进行统筹，2016年将信息无障碍指标纳入了公司级长期战略和产品规范要求，起草和不断完善专项标准和操作手册，并且聘请相关专家进驻百度，从理念、标准、实际操作等维度对相关员工进行定期专门培训。

（二）产品无障碍优化

百度于2009年4月上线"老年搜索"，针对老年群体及不会上网、记不住复杂页面地址的人群而推出。它的问世也受到了与会各界人士的好评。相对于普通网页所普遍采用的14或12号字体，百度老年搜索中的字体要更大。除在页面最上端放置一个大号搜索框外，百度还依照新闻、音乐、游戏、听书、曲艺、花鸟、养生等频道，将中老年用户需要和使用的实用性网站归类整理列出，简化中老年用户的上网搜索信息的程序。针对老年人不熟悉拼音、打字慢的特点，百度老年搜索频道甚至还推出了鼠标点划的手写输入功能。2010年6月，百度将这一手写输入功能正式搬上了搜索主页，也将"信息无障碍"推向了百度所覆盖的超4亿中文网民，进一步打通了人们通过搜索引擎获取信息的屏障。

2016年，百度地图、百度输入法和百度贴吧这三款应用进行无障碍优化，将公益效应与互联网科技相结合，真正为残障人士带来生活与信息的便利。优化后的APP产品将在手机的语音辅助功能打开的情况下，实现内容和界面全部以声音形式输出，完成与视障人的实时交互。

（三）打造盲人助手 APP

2016 年，百度在手机移动端推出全新的盲人助手 APP "百度小明"（又名：Dulight），依托 "百度大脑" 的图像识别、人脸识别、语音识别以及深度学习等相关核心技术，结合百度大数据分析能力和自然人机交互技术，帮助盲人更便捷地获取日常生活信息，感知真实世界。

（四）启动 AI 助盲行动

百度公益、壹基金、58 集团共同发起听障儿童无障碍阅读计划，致力通过人工智能（AI）服务听障儿童与家庭无障碍阅读。一方面，联合项目组成立了无障碍产品研发团队，重点投入增强现实技术（AR）赋能手语教育工作，联合知名童书出版社制作 AI 手语翻译绘本。另一方面，百度还针对听障儿童开发了全球首款 AI 手语翻译小程序，应用 AI 技术将绘本文字翻译为手语。无障碍阅读计划不仅能帮助听障儿童的阅读与手语学习，也能让听障儿童家长学习到简单的手语，让家庭亲子之间的沟通更加顺畅，让听障儿童与家长之间的关系更加亲密。

2019 年 5 月 19 日全国助残日，百度 AI 助盲行动正式启动。百度宣布与多家盲人公益机构联合发起 "AI 助盲行动"，先期在广州、成都、西安、太原、青岛、郑州六大城市进行盲人按摩店 AI 试点改造。并面向全国上千个盲人家庭捐赠上千台小度人工智能音箱，用于改造盲人工作与生活环境，提升工作与生活质量。

盲人按摩师通过语音控制店内灯光亮度、空调温度、电视频道、窗帘开关，以及使用小度智能音箱设置按摩时长、呼叫前台、为顾客播放喜欢的音乐与相声内容，从而提升服务质量。盲童学生可以在 "AI 图书馆" 中语音学习课内与课外知识，在 "AI 宿舍" 中通过语音控制开关灯与窗帘，并随时与父母视频通话。在生活中，视障人群通过语音查询天气、新闻、学习按摩知识，业余生活得到了丰富。

2019 年 10 月，百度 AI 助盲行动第二阶段启动。盲人按摩店 AI 改造已落地到全国 40 多个城市，惠及 100 多家盲人按摩店。同时，百度 AI 助盲行动与各省份盲童学校、特殊教育学校进行合作，设立百度 "AI 图书馆" "AI 宿舍"，通过人工智能的力量为视障儿童营造更加便利的学习与生活环境。

（五）推出"AI+养老"项目

2019年9月，百度首个"爱老驿站"在北京大栅栏街道落地。该项目由百度公益发起，依托"小度在家"等百度旗下人工智能产品，连接社区老人与养老机构服务。老人可以在家用语音交互的形式便捷获取助餐养生、老年资讯等各类养老服务，大大便捷了老年生活。在未来，"爱老驿站"还将面向所有社区养老服务机构开放免费入驻，并与全国老龄办等专业机构合作，针对老年人实际需求，共同设计制作权威内容，丰富老年人精神生活。

（六）创造无障碍环境和氛围

在内部环境方面，百度公益基金会与公司人力资源部联合举办了多角度的宣讲和培训，让工程师体会视障人士的障碍和不便，然后紧跟配套技术开发和用户体验方面的理论教学和实操讲解。

在外部环境方面，百度充分利用自身平台解决城乡信息鸿沟问题，举办了"大学生乡村信息化创新大赛"，实现农村与先进技术的无缝对接。

二、腾讯

（一）产品无障碍优化

1999—2007年，QQ实现微软标准的无障碍接口，对读屏软件有较好的支持，逐步成为中国盲人群体最爱用的即时通讯软件。2007年，中国盲人协会常务副主席李伟洪、中国盲文出版社社长张伟访问腾讯，腾讯承诺将开始进行无障碍技术研发和解决验证码问题。

2009年，从hummer版本开始，QQ采用了新的无障碍实现形式，主动和永德、阳光等国内流行读屏软件展开长期合作，通过开放接口的形式实现无障碍。

2010年，QQ邮箱、QQ空间分别推出盲人专用版，通过完善焦点管理及代码书写对基础版本进行无障碍改造，使之与读屏软件适配并在此基础上完善体验效果。2010年，腾讯公司发起"网明行动"，朋友网、腾讯微博、QQ音乐也积极开展无障碍化改造，得到了残障群体的广泛好评。2011年初，QQ空间推出QQ农场读屏版，给盲人朋友送出一份特别的新年礼物。同年，在深圳公益项目交流展示会举办之际，腾讯公司发布《网明宣言》，反映了视障人士接入互联网的现状和困难，呼吁行业内更多的企业加入到网络产品"无障碍化"的行动中来。

2012 年，QQ 电脑管家邀请盲人程序员杨永全到访腾讯，两天访问期间和 QQ 管家团队、QQ 团队、QQ 语音团队等进行了多次专项交流指导。并由研发管理部邀请，和 QQ 空间前端专家联合在腾讯大讲堂开展信息无障碍技术分享。

2013 年 8 月，腾讯新闻改版，在信息无障碍方面首次将 W3C WAI-ARIA 规范中的 landmark 进行商用尝试，为日后推广技术打下基础。2013 年底，由温和开发的《网站无障碍基础》课程通过公司专业通道与腾讯学院的双重检验面世。

2014 年，1 月开始筹备组建"视障信息无障碍工程师"团队，3 月团队正式投入工作；Accessibility Tools 发布，可以帮助更多老龄化、视觉损伤的用户；从 6 月 28 日起，腾讯公益每一周都组织一次名为"圆梦之旅，携手同行，盲人工程师等待着你和他一起逐梦"的活动招募志愿者。

（二）成立"腾讯无障碍产品同盟会"

2012 年 6 月 26 日，"腾讯无障碍产品同盟会"成立。同盟会以产品为单位自愿加入，倡议在产品设计上，遵循一系列无障碍规范，满足无障碍体验；在产品开发上，为无障碍设备接入提供便利，让盲人能用得起来；在研发流程上，确保出场产品经过无障碍检验，实现无障碍承诺。为了快速大面积地推动互联网无障碍化进程，腾讯无障碍团队的技术骨干发起了"互联网通用无障碍解决方案"项目，通过一个客户端脚本智能分析提炼当前界面的一些主要功能，并预留一定的用户配置接口，当用户在浏览器端引用这个脚本后，进行简单配置就可以使页面无障碍化。经过不断摸索，"page-access-helper"（网页无障碍助手）发布。这个智能优化方案，可以帮助志愿者快速对已有的网站进行无障碍化改造。同时，腾讯志愿者无障碍分会还在公司内部开展"Action in Dark"等模拟盲人的互联网体验活动，让公司员工真切地感受残障用户的体验，了解产品无障碍化的重要性。

（三）捐赠移动端无障碍标准

2015 年，腾讯牵头制定《移动端信息无障碍标准》，并将其免费捐赠给中国信息无障碍产品联盟（CAPA），填补了行业空白。

（四）鼓励视障人士编程，开拓就业新途径

除了不断推动信息无障碍技术的发展，腾讯还致力于提高视障人士电脑应用水平，增强视障人士的创新和参与能力，拓宽其在计算机领域就业的途径。

2011年12月2日至3日，"腾讯公益杯第二届全国盲人计算机技能大赛"决赛在北京举行。来自全国24个省、市的30名选手通过选拔进入决赛，腾讯鼓励和帮助视障人士更好地使用电脑，更鼓励有爱好的视障学生参与编程。

（五）推出为视障人群定制手游

2019年3月24日，UP2019腾讯新文创生态大会（以下简称UP大会）在北京国家会议中心举行，而国内首款专为视障人群定制的手游也在现场发布，为视障人群的生活娱乐增添更多乐趣。在UP大会上，腾讯天美工作室群发布了专为视障人群定制的躲避飞行类听觉游戏《长空暗影》，以及模拟视障人群出行体验的公益手游《见》，既为视障人群提供更多游戏的乐趣，也让更多普通人能通过游戏的方式了解这一特殊人群。

（六）研发AI手语翻译机并落地试点

2019年10月25日，腾讯优图实验室研发的AI手语翻译机在深圳市人民医院率先试点落地，用两台普通的平板电脑，搭建听障患者和医护人员沟通的桥梁。手语翻译机能把听障患者的手语翻译成文字，并在工作人员语音回复后实时翻译成文字反馈给患者，在就医的多个环节中辅助双方完成沟通。在多达1000次的固定句式测试中，手语翻译机总体正确率超过80%，能有效帮助听障患者缓解看病过程中的沟通障碍，助力医护人员提供更好的医疗服务。

优图AI手语翻译机以普通摄像头作为手语采集装置，依托高性能计算机进行后台运算，用户只需面对摄像头完成手语表达，翻译机屏幕界面就能快速把手语转换为文字。

手语翻译的核心技术是手语识别（SLR），通过计算机算法，自动区分手语表达中的各类手势、动作、手势和动作之间的切换。手语识别数据集覆盖了近千句日常表达，900个常用词汇，是最大的中文手语识别数据集。

（七）为视障开发者提供技术和资源支持

2019 年 12 月 3 日，信息无障碍研究会与腾讯云共同推出"腾讯云助力视障开发者计划"。该计划旨在通过腾讯云 AI 技术能力、云服务能力，为视障开发者提供技术和资源支持，帮助视障人群更好融入信息社会实现个人价值。具体而言，针对国内部分主流视障产品，腾讯云将免费提供 AI 能力支持，并引入更多的参与方及资源支持，构建产品技术与资源的对接平台，拓展产品应用场景和市场，让产品惠及更多视障人群。据悉，首批已有数十款产品获取腾讯云助力。

（八）发布无障碍通话产品

2020 年 5 月 17 日，由中国联通和腾讯公益共同发起的"中国听障人士关爱行动暨中国联通 A.I. 王卡发布会"在深圳举行。发布会上正式启动了"中国听障人士关爱行动"，并发布全球首款无障碍通话产品——中国联通 A.I. 王卡，让通信技术与公益事业有效结合。A.I. 王卡融合了 5G 与 AI 技术，以人工智能机器学习为核心，以通信网、互联网和神经网三网合一为桥梁，针对听障人士的电话沟通需求，构建了具备 AI 语音和文字互换能力的语音智能开放平台。听障人士通过平台小程序直接拨号直达对方手机，再凭借中国联通 5G 网络实现文字、语音的实时转换，从而帮助听障人士"看见"声音、"发出"声音，实现无障碍通话交流。更值得一提的是，听障人士在得到平台的残障人士身份认证之后，还可享受"关爱行动"提供的差异化权益服务。

（九）举办无障碍公益活动

2020 年 4 月 22 日，由腾讯志愿者协会、腾讯大学、恩派公益组织发展中心联合主办的第四届中国信息技术公益峰会在线上举办。本届峰会以"技益当先"为主题，正式发布了《中国信息技术公益发展白皮书 V4.0》，共收录 26 个极具社会影响力的信息技术公益实践案例，包括科技创新、在线教育、科技扶贫、志愿服务、信息公开以及抗击疫情多个专题。例如，腾讯即视团队开发了"智慧老人看护系统"，上海望卓分享了"Ababy 儿童性教育课程及咨询服务"的案例，深圳市信息无障碍研究会自主研发了无障碍疫情资讯传递及查询平台。白皮书所收录的案例将成为更多信息技术公司的指引，在探索科技成就的同时拥有一个前行路上永恒的路标。

在新冠肺炎疫情期间线下放映无法持续的情况下，QQ 和红丹丹心目影院联合上线了"光影听映室"，通过 QQ 群中的"一起看"功能，让视障 QQ 用户能够在任意群聊中自由进入观看，打破了传统影院的空间限制，为视障群体带来线上无障碍观影的享受。5 月 21 日，腾讯 QQ 与红丹丹心目影院联合举办"光影听映室——为视障群体讲电影"直播活动，用"视觉讲述"的形式演绎《流浪地球》，共同用心灵的目光欣赏和感悟电影艺术的魅力。

三、阿里巴巴

（一）捐赠《网络无障碍建设指南》

2015 年，在北京举行的中国残联 & 阿里巴巴网络助残合作发布会上，国内首份《网络无障碍建设指南》（以下简称《指南》）公布于世。《指南》是阿里巴巴与信息无障碍研究会多年实践经验的结晶。作为联合编制方，阿里巴巴与信息无障碍研究会共同把《指南》捐赠给中国残联。

（二）发布《Web 内容无障碍指南》中文授权版

2019 年 3 月，阿里巴巴作为联合审阅单位的《Web 内容无障碍指南》（WCAG）2.1 版本的中文授权翻译正式公开发布。该指南明确要求，为让台式机、笔记本电脑、平板电脑和移动设备上的 Web 内容更易于被残障人士访问，要为非文本内容添加替代文本，以供读屏软件等辅助设备读取，支持文本大小不需要辅助技术就可以放大至 200%，并提供导航、查找内容以及确定其位置的方法等多项标准。该指南制定的标准覆盖了失明和弱视、耳聋和听力丧失、运动受限等残疾人的无障碍需求。

（三）成立了信息无障碍小组，研发优化无障碍产品

2011 年初，阿里巴巴技术团队自发组织成立了信息无障碍小组，帮助进行无障碍产品开发。后来还成立了常态化项目组，陆续开发了语音验证码引擎、盲人用户专用的旺旺、无障碍 App 等功能应用，极大方便了视障人士网购。阿里巴巴 2017 年 5 月发布的助残大数据报告显示，从 2016 年 4 月到 2017 年 3 月，淘宝天猫上共有 246 万残疾人进行了购物，网购规模达到 221 亿元。这些惊人数据的背后，是阿里巴巴技术团队多年来为残障人士针对性打造的"信息无障碍"网购体验。

2018 年，基于读光 OCR（光学字符识别）技术在淘宝中的应用，那些原本存在于图片中的文字也能被识别和读取。福布斯称"这是很多屏幕阅读软

件所缺乏的功能"。据公开信息显示，现在，平均每天在淘宝上的视障者就已经有 30 万，"双 12"期间，读光 OCR 每天被调用接近 1 亿次，视障者每天在平台浏览的商品超 200 万件。

阿里巴巴钉钉率先考虑无障碍优化，让视障者可以与健全人使用同样的移动办公平台，为他们平等进入主流职场铺垫办公基础设施。

2019 年 7 月 9 日，阿里巴巴旗下闲置物品交易平台闲鱼联合深圳市信息无障碍研究会上线无障碍版本"盲道"，可帮助视障人士扫除使用闲鱼时的障碍。截至目前，已经有超过 4 万视障人士体验到了闲鱼无障碍版本。据闲鱼工程师介绍，针对智能手机与 APP 适配问题，闲鱼无障碍团队特别优化了闲鱼的首页、搜索、详情、交易、发布等各个链路。未来，闲鱼还会在无障碍设计基础上结合 AI 语音智能技术，积极关注并推动集团内和学术界无障碍标准落地，做更多视障人士的盲杖和盲道。

八年来，信息无障碍小组成立了常态化项目组，建立无障碍文档中心，引入开源无障碍测试工具，推动相关团队陆续开发了语音验证码引擎、建立了盲人卖家旺旺群、开发了多个无障碍 APP，无线端的无障碍化改造从淘宝、天猫已延伸到支付宝、钉钉、高德、UC 等多个产品中，为视障用户在网上开拓了一条条新"盲道"。

2017 年 12 月，高德地图在北京、上海、广州、深圳、杭州等城市推出业内首个无障碍产品——无障碍地图，服务残障人士自由出行。目前，无障碍地图的主要功能是"色盲和色弱"和"无障碍设施"。用户可以在"地图设置"中开启色盲模式，根据自己能识别的颜色查看路况。同时，用户也可以通过导航定位，在寻找上找到无障碍设施。此外，高德地图的随手拍功能还有无障碍设施随手拍，鼓励用户随手拍摄无障碍设施并对无障碍设施地点标注，帮助视障人群在出行时更容易地找到无障碍设施。数据显示，全国有将近 30 万用户使用了相关功能。

（四）"AI 豆计划"专项公益活动

为更好地服务于残障人士线上开店，阿里巴巴推出了一系列帮助残障人士解决就业的扶持政策和绿色通道，如提供旺铺专业版优惠、培训等服务。截至 2017 年 3 月，已有累计超过 7000 名残疾人卖家享受此优惠服务，每年为残疾人创业群体节约大量推广费。

"魔豆妈妈"公益项目已运作十多年，帮助全国 2 万多名身处困境却自强不息的女性，通过电商创业、致富，并带动了更多的残疾群体就业。"魔豆妈妈"公益帮扶下的赵梅，在阿里电商平台上经营的拖把和扫把，通过互联网销向全国各地。现在，她的公司年销售额 220 余万元，还带动了 35 位残疾朋友就业，带动了 38 户扶贫户脱贫。

2019 年 8 月 6 日，支付宝公益基金会、阿里巴巴人工智能实验室联合中国妇女发展基金会在贵州铜仁万山区启动了"AI 豆计划"，这也是该计划在全国启动的第一个试点地区。"AI 豆计划"帮扶的重点是缺乏科技产业资源的贫困地区女性，计划内全国首个"人工智能产业扶贫孵化空间"首期招募培训的学员中 70% 为贫困妈妈和困境女性。该计划通过人工智能产业释放大量就业机会，探索"AI 扶贫"的公益新模式，通过提供免费职业培训，让贫困群众尤其是女性成为"人工智能培育师"，在家门口实现就业脱贫。

（五）建立公益基金支持信息无障碍领域研发

2019 年 9 月 25 日，阿里巴巴于 2019 云栖大会现场发布技术公益基金，将重点支持普惠教育、信息无障碍建设、赋能公益行业数字化转型等领域。在信息无障碍领域，阿里将联合信息无障碍公益组织，对 10 个以上日常工作、生活常用 APP 持续无障碍优化，致力于让 1000 万以上视障人群平等享受互联网新科技。

（六）组建智能办公硬件无障碍联盟

2019 年 10 月 15 日，全球首个致力于智能办公硬件无障碍的组织——智能办公硬件无障碍联盟，在浙江省盲人学校成立。该联盟由阿里巴巴钉钉携手多个机构发起，首要任务是研究制定智能办公硬件无障碍标准，助力智能办公领域"软硬一体"无障碍标准建设，帮助残疾人士打通线上线下一体化的信息获取通道，更便利地享受即将到来的 5G 万物互联时代。该联盟作为开放式机构，将联合更多的单位和企业，共同推动智能时代的无障碍服务升级。

（七）推出物联网智慧养老方案

2019 年 11 月 4 日，阿里云和信息无障碍研究会的工程师们来到了杭州拱墅德胜小区，为上百户社区独居老人安装了物联网智慧养老系统——"乐居"。该系统包含一套人体传感、门磁、一键告警按钮等硬件设备，以及物联网软件平台。系统可以对老人在家的走动情况和进出门情况进行感知，并第一时间通过支付宝小程序进行提醒。当遇到紧急情况时,老人可以通过告警按钮一键通知亲属或社区工作人员。"乐居"物联网无障碍智慧养老系统既解决了独居老人缺乏关怀、求助不便等问题,又通过物联网代替传统摄像头等实时监控技术,保护了老年人的生活隐私和行动自由。

(八)提供残疾人网上创业就业培训

为向残疾人提供更广阔的就业空间和更适合的就业岗位,2020年3月,"集善乐业·凡星培育"携手淄博市迈卓残疾人就业孵化中心开展的淘小铺扶持项目培训开班,为山东省残疾人实现就业创业播下希望的"种子"。"集善乐业·凡星培育"残疾人淘小铺扶持项目是中国残疾人福利基金会携手阿里巴巴集团的一次助残扶贫新尝试,先期将山东省作为试点,由"集善乐业"携手淄博市迈卓残疾人就业孵化中心培育"种子"掌柜,旨在通过网络为残疾人提供一键开店、轻松创业的机会。第一期培训班已培训完毕,共计培训203人,实现淘小铺店铺认证162人。培训主要采用线上授课的形式,全程配有手语翻译,围绕淘小铺项目的背景、操作流程、运营模式、残疾人申请绿色通道的具体步骤等内容展开,课后由淘小铺项目管理和项目地区指导小组的专业技术指导人员为各地区残疾人创业者提供跟踪扶持。

四、华途科技

华途科技是一家对智能交通行业深刻理解、汇聚行业优秀人才、以技术创新应用领先行业的国家高新技术企业。公司专注于人车路协同技术的研发和场景应用,以覆盖室内室外和车载人行的融合定位技术、人车和环境的互为感知技术、切合行业需求云端平台为技术优势,为用户提供端到端的解决方案、产品及服务,并致力于构建城市复杂环境下新一代交通控制网,为交通参与者提供多样化服务,让交通更智慧。

(一)无障碍地图平台

无障碍地图数据包含道路形状、拓扑和其他无障碍属性,如道路路缘高度、路柱宽度、缘石坡道、道路坡度、盲道铺设、扶手、障碍物、声音播报以及无障碍通道、无障碍电梯、无障碍停车位、无障碍升降台等。实现人行道、盲道、轮椅通道等慢性交通道路的语音引导、视图引导、最优路线推荐等基于慢性交通的地图导航功能。

丰富完整的地图采集、整合以及处理能力，让地图数据能够快速上线。融合多源数据，精准、快速丈量不断变化的复杂现实世界，体现核心优势。基于丰富采集能力与手段，根据客户需求定制化采集多场景应用的数据。采用自主采集（如全景采集车与单兵采集系统）为主，用户反馈、众包等多元手段为辅的采集模式。

全景采集车系统，依托全景相机采集 360 度单张全景图，利用 GPS 定位设备获取采集车姿态与方向等信息，通过测量工具自动采集台阶高度、道路坡度、路柱宽度等信息。全景采集系统采集户外的所有道路以及无障碍设施，作业过程中辅助采集定位点用于室内地图加工制作。单兵采集系统，由运动相机、智能手机、高精度定位设备等集合而成。采集室内环境及无障碍设施，如无障碍洗手间、无障碍客房等，作业过程中辅助采集各设施的属性信息，如通道宽度、扶手高度、声音播报等信息。

"春芽无障碍地图"是一个基于无障碍地图为视障人士、轮椅人士等对无障碍资讯及无障碍路线有需求的人士提供地图出行服务的移动应用，通过多种室内外定位技术，让用户了解身处位置及己需的环境信息，并导航至目的地。主要功能包括：（1）室内外定位：显示周边盲道或无障碍通道情况；（2）搜索无障碍设施及服务；（3）为不同用户群体定制无障碍导航路线；（4）实时导航：语音播报实时的位置信息，包括行进方向及周边道路设施等；（5）部分城市（广州、深圳、澳门和湖州）支持公交助乘服务：快速定位公交站台，车辆进站时近距离精准报站。

（二）"听听巴士"APP——听得见的公交导盲系统

听听巴士——广州专属的公交导盲助乘系统，以"听"为切入点，通过物联网和移动互联网技术与传统智能公交系统的结合，让人、车、路协同起来，构建一个人车路相互感知、相互协同的环境，让公交导盲系统可以提供感知、精准和个性化的公交导盲服务，让视障人士无论是乘坐公交或者独立自主出行都不再畏惧。该公交助乘系统已成功复制澳门，香港地区正在规划中。

中国目前有 1700 多万视力完全丧失或严重受损的视障人士，"出行难"是这一人群所面临的最主要问题。在无人陪伴的情况下，视障人士独自出行几乎不可能实现。随着公共服务机构对障碍环境建设的逐步重视，建筑无障碍、交通无障碍和信息交流无障碍的理念被提出。但对于视障人士，实现建筑无障碍和交通无障碍是最困难的。在这样的愿景下，"听听巴士"应运而生，华途科技希望将这一融合先进物联网和移动互联网技术的产品，作为首个城市级的视障人士公交自助出行服务系统推向市场，为视障人士提供基于感知、精准和个性化的公共交通出行服务。

系统由智能手机导盲 APP（听听巴士）、公交助乘系统云服务平台、安装在公交车辆上的智能硬件设备（车载导盲终端、车外喇叭、物联网车辆标识标签）和安装在站台的站台物联网标签组成。系统构建了人、车、路协同，基于感知、精准和个性化的视障人士公交助乘系统。站台、车辆、智能手机通过蓝牙技术互相感知，手机导盲 APP（听听巴士）通过公交助乘系统云服务平台获取公交基础信息以及实时运营信息为盲人提供服务。

听听巴士具备公交出行规划、常坐路线收藏、站台自动识别、站台候车、车辆进站自动提醒、语音引导上车、车辆到站自动提醒等无障碍功能。

视障用户在出行之前，通过公交导盲 APP（听听巴士）设定出发地和目的地，系统将为其规划最佳出行线路和方案。视障用户通过公交导盲 APP（听听巴士）将经常乘坐的 1 条或多条线路收藏起来，一次收藏、一键乘车、简单易用。用户达到站台范围，手机会自动感知到站台蓝牙标签发出的信号，听听巴士 APP 解析蓝牙信号包含的站台编码，同时将站台编码发送到云服务后台，后台把该站台的线路信息等推送回 APP，用户可以从这些线路中选择自己要乘坐的线路。视障用户在站台候车时，除了可以从自动识别站台途经线路中选择乘车线路，还可以从收藏的公交线路中选择要乘坐的公交线路。选定公交线路之后，还可以设定目的地，公交导盲 APP（听听巴士）会不断更新最近班车还有几站到站。在站台候车时，选定的公交线路的车辆进站时，视障用户手机接收到该车的蓝牙标签发出的信号，触发公交导盲 APP（听听巴士）通过震动和语音提醒用户车辆进站。公交车的车载导盲终端在自动识别到站台有需要乘坐该车的视障用户正在候车，车载导盲终端发出指令控制车外喇叭播报车辆线路进站语音，视障用户可以持续通过公交导盲 APP（听听巴士）要求车载导盲终端和喇叭发出声音，直至顺利上车。公交车经过该线路的每一站时，站点蓝牙标签都会触发公交导盲 APP（听听巴士）语音提示当前途经哪个公交站。公交车到达目的站点时，公交导盲 APP（听听巴士）

将强烈提醒视障用户到站下车。

系统具备自动感知、精准定位、个性化服务等特点。除打开 APP 和选定线路外（如事先收藏某线路，可省略该步骤），盲人无需其他操作，站台、车辆信息、车辆播报，全部通过手机和设备之间互为感知完成。利用物联网短程通信及定位辅助功能，解决了公交 GPS 系统定位误差或通讯延迟问题，实现公交进站前"秒级"精准导盲。车辆进站时，只有盲人打算乘坐的车辆播报语音提示，不会打扰到其他乘客。

系统让不少从事医生、按摩师、调音师等工作的盲人，将公交车辆作为通勤和出行工具，走出家门、融入社会。该系统受到盲人和视力衰退的老年人高度好评，也得到中国盲协及中国残联的高度好评，沈阳、澳门等境内外城市也在陆续引进系统。

该系统曾多次参加广州市、广东省科技创新成果参展；获得第十五届亚太信息科技大奖赛优胜奖；中央电视台科教频道《借我一双慧眼》节目，专题报道了广州公交导盲系统所取得的巨大社会效益，引起了全国各地政府及盲人群体的广泛关注。当前除了广州、深圳等珠三角九市，北京、香港、澳门、沈阳、成都、赣州等都在建设无障碍城市，广州的示范效应初步显现。

（三）视障出行智能辅助系统

在盲人的工作及生活当中，盲杖和导盲犬远远不能满足盲人对安全出行的需求。盲杖的功能单一，仅能以是否触碰物体判断是否有障碍物；导盲犬的成本对于一般家庭来说较高，并且适应的时间较长。随着科技的发展及视障人士的迫切需求，人工智能导盲眼镜应运而生。

而对于现今市场上出现的智能眼镜，售价过高、适用群体单一（仅适用于半盲或全盲用户）、功能不完善等原因，令智能眼镜不能被广大盲人群体所接纳。

华途科技在致力于打造无障碍出行环境平台的建设中，全面结合公交导盲系统及室内定位系统，并融入导航、定位、文字识别等"黑科技"，实现全方位精准、个性化服务。

由华途研发的智能协助眼镜有一个好听的名字，叫"出行助手"。"出行助手"是一款面向视障人士的小型设备，由眼镜和手持功能机组成，目的是解决视障人士出行的"最后一公里"问题。通过更便捷的操作模式，更先进的技术手段，为视障人士的出行、日常生活提供帮助。

系统由前端设备、内部云平台和第三方功能平台组成。前端设备：由眼镜和手持功能机组成。功能机采用无屏幕键盘设计，集成 WIFI、蓝牙 4.0、2/3/4G 无线网络、超声波等功能。眼镜充当外设设备，为手持机提供摄像头、语音输出和基本传感器信息采集等功能。内部云平台：提供出行助手日常的运维管理服务和内部业务（客服、公交）功能服务。第三方平台：提供出行助手基本功能的快速接入。

实现功能：定位导航：更适于视障人士使用的定位导航功能；测距避障：通过超声波实现 6 米范围内的测距和避障；远程协助：实时流畅的音视频客服协助业务；公交导盲：指定城市的公交出行引导；室内导航：指定区域内的室内导航；智能识别：药品识别、文字识别等。

（四）无障碍查询终端

公司开发的在政务中心、商场等公共场所设置无障碍信息查询终端，为普通人士和残障群体提供服务，可对周边 POI 建筑搜索并导航。用户可用手机扫一扫屏幕右下方的二维码实现"多屏互动"位置资讯信息转移及实时导航服务。用户在使用导航的过程中，将会根据用户实际位置和朝向更新当前位置图标，更好地帮助用户提供实时道路指引。

（五）室内导盲系统——"听听世界"

"听听世界"是听听系列视障人士无障碍出行类产品，集成利用先进的 BT4.0 技术、骨传导技术、精确定位导航技术，结合无障碍出行信息化基础设施，继"听听巴士"后的又一套基于感知、精准的定位导航系统。主要解决视障人士在室内环境中自由行走的难题。

视障人士利用 APP、室内蓝牙定位标签，实现人与室内场所、地铁等大公共场所环境的互联、互动，打造基于物联网和移动互联网的无障碍出行云服务平台，为视障人群提供无障碍出行信息服务。

优势一，我知道我在哪里：当视障人士打开 APP 后，软件自动定位。并能选择目的地，自动规划路线。

优势二，再也不用担心自己走错路：导航自动规划出最短路线。当行走方向有误时，引导用户转到正确方向后再提示直行。

优势三，想去哪儿就去哪儿：到达目的地时，语音加震动提示和界面显示终点方位信息。如："您已到达目的地：卫生间，在右手边，本次导航结束"。跨楼层导航时，当引导至电梯时，加入了导向电梯的提示信息。

五、字节跳动

（一）今日头条 APP 无障碍版本上线

今日头条 APP 系信息无障碍版本针对视觉障碍用户，全面优化适配了系统的读屏功能。视障用户开启系统读屏功能后，可以触摸屏幕，借助语音提示，与普通用户一样使用今日头条 APP，用听新闻的方式，接收今日头条的海量内容资讯；用听视频的方式，播放视频、关注视频作者、评论、转发、点赞。同时，借助今日头条领先的人工智能技术，视障用户个性化的内容需求同样可以被满足，并有效降低视障用户的信息检索成本。据悉，今日头条是国内第一款进行全面信息无障碍优化的智能推荐资讯 APP。目前，中国约有 1700 万视障人群。此前，iOS 系统和 Android 系统虽然已经针对障碍群体，提供了基础的读屏系统，但大多数 APP 都没有与读屏系统进行适配优化，导致部分功能失效，障碍用户也无法顺利使用相关产品。2018 年 6 月，今日头条正式启动了信息无障碍工作，与深圳市信息无障碍研究会合作，开始对今日头条 iOS、Android 两个版本的 APP 进行无障碍优化。为此，今日头条调研了近千名视障用户的使用需求，并且建立障碍用户反馈群，积极听取障碍用户的反馈和建议，针对产品进行了多项优化改进。今日头条还邀请信息无障碍工程师，以视障者的角度，与头条研发人员深入交流实操中的使用习惯和优化空间，以达到今日头条无障碍功能升级后的最佳使用体验。

（二）短视频领域率先实现无障碍优化

字节跳动于第二届科技无障碍大会宣布推出短视频无障碍计划，欲在短视频领域率先实现读屏无障碍。字节跳动平台责任研究中心执行总监刘志毅介绍，无障碍优化后的火山小视频、抖音短视频等应用陆续上线，是国内短视频领域首次实现支持适配手机读屏功能的应用。截至 2018 年底，中国短视频用户规模高达 6.48 亿，在短视频领域缩小障碍人士与普通人间的数字鸿沟显得尤为重要。无障碍版本的火山小视频和抖音短视频推出后，将发挥更强大的社会功能，进一步满足视障人群短视频信息获取、学习新知、进行创造与交流的需要。

（三）积极参与信息无障碍公益活动

字节跳动在产品无障碍优化外，还积极投身信息无障碍公益活动。2018年1月，今日头条在中国盲文图书馆向馆内视障工作人员与北京市盲人学校捐赠了一批无障碍手机，并预装读屏软件与无障碍优化后的今日头条APP。2019年4月，字节跳动于第二届科技无障碍发展大会宣布加入信息无障碍产品联盟，与国内众多互联网企业共同推动信息无障碍发展。2019年5月16日，全球无障碍宣传日，抖音与火山小视频联合推出"让我们一起看见爱"话题活动，呼吁社会各界关注障碍群体信息获取需求，鼓励程序设计人员开发无障碍产品，让更多公众认识到推进信息无障碍的重要意义。

2020年5月21日，是第9个全球无障碍宣传日，字节跳动公益、《光明日报》和信息无障碍产品联盟在今日头条发起"你身边的无障碍"话题，呼吁人们关注身边的无障碍，为无障碍环境建设助力。除线上活动外，近期字节跳动还积极组织员工公益活动，让员工志愿者与视障工程师深度交流，体验无障碍操作，帮助优化改进产品功能。

六、上海喜马拉雅

（一）推出程序朗读功能

作为国内移动音频行业的龙头企业，喜马拉雅FM对视障人群有着天然的使用价值，也是国内最早进行无障碍优化的互联网音频产品之一。据喜马拉雅FM相关负责人介绍，目前IOS版喜马拉雅FM已全面支持VoiceOver，通过人性化的程序朗读功能，让视障人士能够轻松使用喜马拉雅FM收听喜爱的音频内容。

2015年加入中国信息无障碍产品联盟后，喜马拉雅FM积极配合联盟信息无障碍事业及相关内容的推广，同时将与联盟的视障信息无障碍工程师团队合作，对产品进行更加专业和全面的信息无障碍优化。

（二）组织助残公益活动

2019年12月3日，中国残联与音频分享平台喜马拉雅在北京联合宣布，将面向残疾人发放每份价值超9000元的文化大礼包。残疾人只需登录喜马拉雅APP，通过残疾人通道认证，将可以免费获得喜马拉雅平台上近300部优质付费内容专辑的文化大餐。残疾人大礼包通过"互联网+文化"的方式，为残疾人提供适合的声音内容，是开展文化助残的有效手段，极大地丰富了残疾人精神文化生活，促进残疾人身心健康发展。未来，中国残联和喜马拉雅还将根据残疾人用户的需要和反馈，持续增加相应类别专辑种类和数量，以期为全国残疾人提供全面、深入、精准的精神文化服务。

七、音书科技

（一）无障碍产品研发

音书 APP 是音书科技推出的一款用于听障人士（聋人）沟通交流的工具软件，通过在 APP 中嵌入语音识别及语音合成等技术，实现听障人士的信息无障碍沟通，同时通过人工智能技术进行语言康复，进一步改善听障人士与外界沟通的现状。

（二）新冠肺炎疫情期间为听障人士免费服务

2020 年 2 月 10 日，音书 APP 正式推出"AI 无障碍教学"公益计划，为每一位特教学校老师提供免费无障碍授课系统。通过音书智能字幕速记系统，老师使用录播软件提前备课，边播放 PPT 边讲解，即可自动生成视频字幕，无需进行后期剪辑工作，就能发送给听障学生。通过直播软件进行线上教学，也可在线翻译老师的讲话内容，帮助听障学生们理解知识点，确保教学工作的正常运行。2 月 21 日，音书在"AI 无障碍教学"公益计划的基础上又推出了"无障碍课堂行动"，希望为一般学校老师提供免费的无障碍授课系统。

八、京东

（一）推出无障碍产品

2020 年 1 月 16 日，京东携手机厂商共同推出全新长辈智能手机品类——"京东时光机"。作为专为老年人定制的手机品类，长辈智能手机创新搭载了远程协助与在线问诊功能。由京东独立开发的子女端 APP"亲情小时光"，可实现通过远程协助帮助父母在手机上下载电视剧，帮助老人通过视频问诊随时享受医疗服务，连接智能设备打通子女手机，把老人健康状况第一时间告知子女等等。另外一个特色功能是"在线问诊"，长辈智能手机内置了京东健康的"急速问诊"服务，老年人可以在子女的协助下，用自己的手机在线连接医生视频问诊，解决看病挂号难的问题。

（二）京东重阳节消费大数据

2019 年重阳节前夕，京东公布平台消费数据，老人手机、智能拐杖进入用户搜索关键词前五名。在手机／电器类商品中，老年人常用的功能手机持续火热，销量增长最快的则是智能拐杖，同比增长达 5 倍多。入门级智能拐杖具有照明、报警、收音机等功能，而更高端的产品更带有通话、心率监测、SOS 呼救等功能。此次京东大数据充分体现了"银发经济"正在成为国民消费新的增长点。

第四节　社会组织的实践

一、中国盲人协会

（一）指导开发无障碍版移动电影院 APP

2019 年 12 月 17 日，中国盲人协会指导下的移动电影院 APP 无障碍版上线。无障碍版 APP 可自动检测手机系统设置，自动切换至无障碍观影专区。通过专业配音师的生动解说，可让视力残疾人更好地了解电影的故事情节、人物关系等信息，享受"观影"乐趣，"看"懂电影。视力残疾人可通过智能手机登录 APP，并通过残疾人身份识别系统认证后免费观看无障碍电影。移动电影院无障碍版利用移动互联网优势，把智能手机变成无障碍电影观看设备，将有效扩大无障碍电影线下放映的覆盖群体。

（二）助力新冠肺炎疫情防控

为了让无法上网、不会用智能手机的盲人朋友及时获得疫情防控知识，中国盲人协会与中国盲文出版社、中国视障文化资讯服务中心将《新型冠状病毒感染的肺炎公众防护指南》有声书内容嵌入呼叫中心的语音服务。自 2020 年 2 月 3 日起，只要拨通中国视障文化资讯服务中心的热线电话

4006107868，根据语音提示选择疫情防护，盲人朋友就能收听包括疫情要闻、防护知识、抗疫宣传、盲协抗疫和新冠病毒实时动态等内容。该有声书还在全国各地近 400 个盲人微信群广泛转发，中国盲协网站、中国盲文出版社网站、中国盲文数字图书馆网站、中国盲文图书馆微信公众号也同时发布。

（三）建设盲人公益有声图书馆

2020 年 4 月 23 日世界读书日，中国盲协与喜马拉雅宣布，将携手共建盲人公益有声图书馆。有声图书馆将根据用户的投票，优先将最有价值的书有声化，期望在 3 年内，初步打造一个内容丰富、适合盲人阅读需求的公益有声图书馆，为广大盲人群体打造一个高质量、大容量、有温度、有深度的免费有声阅读平台。盲人可以通过"有声图书馆"活动页面或登录喜马拉雅 APP 内的残疾人专区，凭借残疾证号进入平台免费阅读。中国盲协和喜马拉雅还将开展相关盲人主播培训及就业服务活动，为有声音特点，有志愿通过声音来就业和实现自我的盲人进行网络和线下培训，帮助他们成为喜马拉雅主播。

二、中国聋人协会

助力新冠疫情肺炎防控。疫情防控期间，中国聋协结合听力残疾人的个性化需求，积极采取措施，让听力残疾人中口语使用者和手语使用者及时、准确了解疫情进展，掌握防疫知识，做好自身防护。一方面，聋协手语研究委员会制作了《预防新型冠状病毒感染的肺炎，从个人防护做起》短视频，向手语使用者解释戴口罩、勤洗手、尽量居家等疫情防护关键信息，并组织志愿者一对一微信视频，劝阻一些手语使用者外出。另一方面，中国聋协指导湖北、北京、黑龙江、上海、山东、四川、重庆等地聋协对一些主流媒体证实的信息进行二次整理，邀请手语使用者用通用手语拍摄短视频，配加字幕，在微信公众号、微信群等社交媒体广泛发布。

受疫情影响，中国聋协原定于 2020 年 3 月举办的"3 月 3 日爱耳日全国听力大讲堂"活动调整为线上科普视频讲座。本次网络科普活动精选 23 个与大家密切相关的话题，涉及助听器、人工耳蜗、FM 助听调频系统等相关辅具的适配与调机、听力语言康复方法、音乐与康复等专业知识，还包括疫情期防治常识和心理调适动画等 10 多个视频及图文。全部视频均已加配字幕，致力于为听力障碍人士及其亲属提供专业、可信而贴心的服务，提高公众对听力语言康复知识的知晓度，为公众的听力健康保驾护航。

三、中国互联网协会

中国互联网协会成立于 2001 年 5 月 25 日，是由中国互联网行业及与互联网相关的企事业单位、社会组织自愿结成的全国性、行业性、非营利性社会组织。

（一）举办信息无障碍论坛

中国互联网协会从 2004 年开始每年举办一次中国信息无障碍论坛，从最初的普及信息无障碍理念，到近年来更加务实地关注信息无障碍标准、技术、产品及解决方案，以保障残障人群平等地参与社会活动和共享信息沟通的基本权利，使他们能够平等地、方便地、无障碍地获取信息、利用信息。工业和信息化部对此论坛非常重视，将其纳入《"阳光·绿色网络工程"主题系列活动工作方案》。

中国互联网协会还积极参与国际论坛，并于当地时间 4 月 11 日下午，在 2019 信息社会世界峰会（WSIS）期间成功举办信息无障碍主题论坛，本届论坛主题为"AI 赋能信息无障碍"。国际电信联盟（ITU）秘书长赵厚麟出席论坛并致辞，相关机构、专家和企业代表参会展开交流。

（二）开辟"信息无障碍"专栏

中国互联网协会的《互联网天地》杂志专门开辟"信息无障碍"专栏，介绍国内外信息无障碍的发展历程以及成功的技术、产品、标准的应用案例。在每一届中国信息无障碍论坛召开期间，编辑出版《信息无障碍专刊》，为出席论坛的中外嘉宾提供了全面反映我国信息无障碍事业发展的情况。近年来，信息无障碍的理念得以深化，信息无障碍的推进工作进入产品设计、改造、生产阶段，一些信息无障碍辅助设施和产品已经开始为残疾人使用，一些信息无障碍的服务已经进入半市场化运作。

（三）组织各方共同参与信息无障碍标准制定

2007 年，中国互联网协会与中国通信标准化协会在原信息产业部的指导下，开展了信息无障碍的标准化研究工作。2008 年 3 月，工业和信息化部正式发布第一部我国的信息无障碍标准：《信息无障碍　身体机能差异人群　网站设计无障碍技术要求》。

2018 年 8 月，由中国互联网协会组织制定的《Web 信息无障碍通用设计规范》正式对外发布，标志着我国网站信息无障碍建设工作在智能化和移动化方面有了指导规范。本规范是由中国互联网协会标准工作委员会组织审定，厦门世纪大家网络科技有限公司倡导，国家相关机构、行业组织、用户团体和网信企业等数十家单位共同参与支持的，于 7 月 24 日在北京组织了立项评审会议工作，立项获得全票通过后，对外公开进行了 15 天公示期。据悉，本规范在 W3C 中的 WCAG2.0 规范和国内《网站设计无障碍技术要求》（YD/T 1761—2012）基础上，增加了信息智能化规范和移动化方面的内容，丰富了当前国际国内标准内容，为建设多终端、多渠道的信息无障碍服务提供了务实指导。

2020 年 5 月 21 日，中国互联网协会发布《互联网内容可访问性信息无障碍技术服务评测规范指引》（以下简称《规范指引》）意见征集通知。为深入贯彻落实党的十九大精神，推动残疾人和老龄事业发展，推进"科技扶贫"和"信息助残"，根据《无障碍环境建设条例》和国家有关文件要求，结合我国包括残疾人、老年人等残障人士对信息无障碍建设和服务的需求，在国家有关部委的指导支持下，中国互联网协会联合国家相关机构、行业组织和有关企业联合开展了《规范指引》的编制工作。

2020 年 6 月 3 日，中国互联网协会发布了《Web 信息无障碍通用设计规范》团体标准征求意见稿，向社会公开征求意见。该团标草案已于 2018 年 9 月通过人民网向社会公开征集意见，并根据反馈意见进行了修订。本次公开征求意见时间截至 6 月 10 日，公众可通过书面意见以电子邮件或传真形式反馈至中国互联网协会。

（四）推动网站无障碍建设

2008 年，中国互联网协会联合中国残疾人福利基金会、北京奥组委技术部、中国残联信息中心发起"北京 2008 奥运会、残奥会信息无障碍网站行动"，按照信息无障碍标准对有重要影响力的政府网站、门户网站进行奥运专题信息无障碍改造，奥运官方网站、新华网、央视国际、新浪、百度、21CN、中青网等国内有影响力的网站参加了此项活动。经过半年的改造工作，这些网站初步达到了标准要求，行动取得了阶段性成果。信息无障碍标准的制定与实施为残疾人参与信息社会生活带来了便利，也为残疾人工作生活网络化、信息化打下了良好的基础。

2013 年，中国互联网协会联合工业和信息化部、住房城乡建设部、民政部、中国残疾人联合会、全国老龄办、中国残疾人福利基金会开展了"美丽中国——中国政务信息无障碍公益行动"，在近一年的实践中取得了丰硕的成果，外交部、工业和信息化部、民政部、交通部等部委，北京、海南等 126个各级人民政府政务网站系统和 7000 个政府网站已经全面实现了政务系统信息无障碍服务，覆盖人群达到一亿人左右。2014 年，开展了"双百行动"（"美丽中国——中国百城政府政务信息无障碍行动"和"美丽中国——中国百家主流网络媒体信息无障碍行动"），行动开展以来，外交部、工业和信息化部、交通部、人社部、国务院港澳事务办公室等 12 个部委，北京、广东、新疆维吾尔自治区、海南、青海、贵州 6 个省级人民政府，武汉市、贵阳市等多个地市区县级人民政府已经建成网站无障碍体系，共 1000 多个政府单位接入了"国家信息无障碍公共服务体系"，实现了无障碍服务，所辖 3 万多个部门网站实现了无障碍服务，占全国政务网站总数的 35%。

（五）发布信息无障碍建设报告

为落实国务院《无障碍环境建设条例》和中央网信办、中国残联《关于加强网站无障碍服务能力建设的指导意见》，中国互联网协会自 2018 年 4 月开始，组织相关单位开展网站无障碍建设情况及服务效能检测普查工作。截至 2019 年 1 月 9 日，第一期普查工作已经结束。

2019 年 4 月，全国各省（市、区）政务信息无障碍建设情况报告发布，在全国省级政府门户网站无障碍服务能力指数排行中，北京市人民政府门户网站（首都之窗）凭借规范化建设、服务效能优异的突出成绩位列第一。新疆维吾尔自治区和青海、海南、上海、贵州省级人民政府均以网站无障碍建设满足规范，服务效能好等优势，分别位列服务能力指数排名二至六位。

在全国省级政务服务网站无障碍服务能力指数排行中，北京市、上海市政务服务网站凭借规范化建设、服务效能优异的突出成绩，分别位列排行一、二位。湖南省、甘肃省、西藏自治区、贵州省政务服务网站由于开展了相关的建设工作，分别占据排名的三至六位。

从排名看，上海市、县、区各级人民政府门户网站无障碍建设比例达到百分之百，成为全国各省政府门户网站无障碍建设的领头羊。安徽、湖南、北京、江西、四川、广东6省市政府门户网站无障碍建设，也取得建设比例超过50%的较好成果。

5月21日，中国互联网协会发布《以人民为中心，党的十八大以来我国信息无障碍事业发展》报告。报告指出，在党中央和国务院高度重视下，国家有关主管部委和部门推动配合下，我国信息无障碍建设取得积极进展，相关法规、政策、标准出台实施。大部分政府网站和一些与人们生活密切相关的大型社会化网站进行了无障碍建设，为残障人士便捷获取互联网信息服务带来便利，全国500多个县区以上人民政府完成了政务信息无障碍服务平台的建设，无障碍政务网站数量达到3万多个。行业（团体）标准的立项、制定和不断完善，使我国在信息无障碍标准规范方面与国际差距缩小，为信息无障碍技术应用发展提供了可靠支撑。近年来，随着物联网、大数据云计算等人工智能技术的普及深入，实时音频、高清视频、人工智能等服务得到广泛应用，将给信息无障碍发展带来深远影响。

四、中国通信学会

主办2019世界电信和信息社会日大会。2019年5月17日，由工业和信息化部指导、中国通信学会主办的"2019世界电信和信息社会日大会"在北京召开。本次会议以国际电信联盟提出的"缩小标准化工作差距"为主题，反映了世界各国融合互通、均衡协调发展的愿景。会议指出，数字鸿沟与标准化鸿沟成正相关，标准化是引导技术和产业发展的引擎，参与标准化工作对及时抓住新技术发展的苗头，提前产业布局有重要意义。产业的标准化活动始终把弥合标准供需的差距放在重要的位置，特别是在满足欠发达国家和地区的需求和特殊人群无障碍服务的需求方面。新一代信息技术的发展使得新兴国家和欠发达地区有了利用后发优势跨越发展的机会，但如果不能抓住这一难得的机遇，数字鸿沟就会被进一步拉大。面向未来的标准化工作，任重道远。

五、中国银行业协会

（一）发布《无障碍服务建设自律指引》

2014 年 11 月 15 日，中国银行业协会正式发布实施《中国银行业电子渠道无障碍服务建设自律指引》。《自律指引》旨在通过建立电子渠道无障碍设施建设的自律规范，促进银行业健全无障碍服务机制，引导银行业树立无障碍服务理念，针对视力残障人士、听力语言残障人士及肢体残障人士三类特殊客户群体，进一步完善电话银行、网上银行、手机银行（包括短信银行、微信银行）及自助银行等电子渠道无障碍服务建设，逐步推进实现银行业电子渠道服务无障碍化。

针对视力残障人士，《自律指引》提出在提供电话银行、网上银行、手机银行、自助银行服务时，应充分考虑视力残障人士特殊需求及操作习惯，可设置电话银行的专用进线通道、个人专属快捷菜单、客户身份自动识别等人性化措施；进行银行网站无障碍改造，提供网上银行字体大小调整、快捷菜单订制、验证码多渠道获取等多样化服务；增加手机客户端支持读屏软件、语音导航等功能等；逐步配备视力残障人士专用自助设备，切实保障视力残障人士的使用体验。

针对听力语言残障人士，《自律指引》提出应尽量提供各类可视化的操作设备，在网点应尽量提供排队叫号信息短信发送功能；在提供网上银行、手机银行在线服务时，应优先提供文字交流服务，及时解答客户业务咨询，指导客户操作；如遇残疾人无法通过电话完成信用卡核实、销户等业务，应尽量提供除电话之外的多渠道服务。

针对肢体残障人士，《自律指引》提出为肢体残障人士提供自助银行服务时，应提供符合国家相关标准的无障碍坡道，加快完善援助电话等自助银行无障碍设施建设，在条件允许的情况下配备残障人士专用自助设备，保证肢体残障人士顺利办理业务。

《自律指引》还对银行加强无障碍服务组织保障、制度建设、资源投入等提出了要求。

（二）发布银行业无障碍环境建设成果

2019 年 7 月 17 日，在中国银行业协会主办的"《2018 年中国银行业社会责任报告》发布暨社会责任百佳表彰大会"上，首次发布了《中国银行业无障碍环境建设成果集锦》。截至 2018 年末，中国银行业营业网点数达到 22.86 万个，其中配备盲文业务指南的网点 1.5 万个，配备盲文密码输入器的网点 4.5 万个，设立无障碍卫生间的网点 0.5 万个，设立无障碍停车位的网点近 3 万个，为残疾人享受优质、便捷、人性化金融服务创造了条件。

第五节　高等学校实践案例

一、清华大学

清华大学作为我国最高学府之一，拥有强大的科研实力，清华大学在信息无障碍领域积极承担社会责任，推动信息无障碍技术的研发。

（一）成立无障碍发展研究院

清华大学无障碍发展研究院成立于 2016 年 4 月 23 日，是由中国残联和清华大学联合成立的校级科研机构，旨在开展无障碍国情研究与政策咨询、无障碍人居环境、无障碍技术开发、无障碍技术与标准体系、无障碍人文理念的传播与人才培养五方面研究，希望建成国际一流的无障碍领域智库、无障碍技术研发中心和中国无障碍事业的国际交流中心。

（二）组织信息无障碍相关研讨会与培训活动

清华大学—东京大学无障碍发展学术研讨会暨无障碍发展研究院年会，于 2017 年 4 月 14 日在清华大学建筑设计院举行，中国残联副主席吕世明、清华大学党委副书记邓卫出席并致辞。会议邀请到来自中日两国 160 余名的学者、政府部门工作人员及社会爱心人士参加。来自日本东京大学的西出和彦教授、松田雄二副教授以及中国无障碍专家顾问吕小泉、清华大学无障碍发展研究院执行院长邵磊、清华大学杨赞副教授等分别进行主旨演讲，从通用设计、无障碍应急疏导、老年人居住选择、盲人触觉图像研究等方面，跨学科多角度地进行了无障碍学术交流。

2019 年 5 月 17 日至 18 日，由清华大学无障碍发展中心与联合国教科文组织驻华代表处联合主办的"信息无障碍——残障平等意识培训"顺利举行。参与本次培训的 22 名学员不仅包括政策制定者和实施者、教育从业者，还有从事开放远程学习的专业人员、信息和通信技术专家、IT 公司及媒体从业者等。此次培训使学员们对残障平等意识有了更加清晰的认识，为学员们在今后的实际工作中，实践残健平等意识，为残疾人提供更精准的个性化服务奠定了基础。

2019 年 6 月 15 日下午，老年康养民生政策与公共服务国际研讨会分论坛"信息技术与智慧养老"，在清华大学公共管理学院召开。会上，来自北京大学、中国社会科学研究院、北京怡养科技有限公司等单位的学界与业界代表，就智慧养老与新一代信息技术的结合问题进行了讨论。与会专家分别分享了以"积极养老辅助技术在养老产业中的应用""智慧社会，我们如何养老？——从健康大数据到人工智能""小柏家护互联网＋养老的探索与实践"等为主题的研究成果，对智慧健康养老与服务的发展方向进行了探讨。

（三）盲人搜索产品研发

清华大学与百度达成合作，共同开展盲人搜索的研发，其原理正是利用触觉、听觉让盲人获取信息和知识，更可以通过交互让世界来到"眼"前。百度盲人搜索的原型机，底部是输入区，轻动手指即可输入，输入内容将实时以盲文形式显示在上方的搜索区，盲人可随时通过触摸检索输入的正误，完成后轻敲确认，搜索结果立即以盲文形式呈现在显示区，通过进一步触摸即可阅读。与此同时，盲人搜索也可以通过语音搜索，直接说出所想，并开展实时互动，让搜索无处不在。

（四）参与打造无障碍文化旅游城市名片

清华大学与济宁市签署战略合作协议，双方就济宁无障碍文化旅游强市的品牌推广、打造"首善之区"无障碍文化旅游城市名片、城市无障碍标识系统、无障碍旅游城市系统规划、制定无障碍文化旅游城市相关标准与细则、无障碍建设与相关服务的教育培训等方面达成合作。

二、天津大学

（一）成立无障碍通用设计研究中心

中国残联与天津大学签署战略合作协议，成立天津大学无障碍通用设计研究中心，共同推动将天津大学无障碍通用设计研究中心建设成为中国特色的无障碍领域研究智库。通过对城市建筑、色彩标识、室内外景观环境规划设计、建设管理与维护等进行系统化无障碍深度研究，对不同特征人群的需求与供给开展广泛的无障碍通用设计实践并加强无障碍人才培养，切实实施国务院制定的《无障碍环境建设条例》。

（二）主办全国无障碍机构圆桌会议

全国无障碍机构第二次圆桌会议暨2019"人文设计·融合教育·共享发展"会议于2019年3月27日在天津大学建筑设计规划研究总院顺利召开。会议由中国残联无障碍环境建设推进办公室指导，天津大学主办，天津市残联、清华大学无障碍发展研究院协办，天津大学建筑学院、天津大学建筑设计规划研究总院、天津大学建筑学院无障碍设计研究所承办，邀请了全国各地的无障碍专家、无障碍推动者、无障碍践行者通过实践案例、理论研究等方面对无障碍环境设计进行了探讨，彰显了无障碍环境建设的重要性，对推进社会无障碍环境建设，促进无障碍事业发展有着重要的作用。

三、上海师范大学

（一）为视障学生建设无障碍学习空间

2019年5月16日，上海师范大学专为视障学生服务的无障碍学习空间启用，学校将依托空间物质基础组建服务团队，形成助力教育无障碍的融合支撑系统。无障碍学习空间配有盲文教材、盲文点显器、盲文打印机、扫描仪、安装专业盲文软件的多台电脑等视障图书资料和电子设备，可为在校视障师生提供信息搜索、资料借阅、文件打印等多项服务。

（二）为视障学生提供多元化支撑服务

除无障碍学习空间，上海师大还为在校视障学生提供了多元化的支撑服务。学生入校后全部随班就读，各学院为视障生制订个性化的培养方案，在课程设置、考核考试、实践活动中都充分考虑到了视障学生的需求。上海师大还重视培养视障学生独立自主、适应社会生活的能力，同时从人文关怀、物质帮助、学业和心理指导等方面倾情投入。目前，从该校毕业的视障学生全部实现社会就业或自主创业。

四、兰州大学

建成中国首个盲文数字平台。中国首个面向视力障碍群体的综合性公共服务平台——中国盲文数字平台于 2019 年 4 月 22 日在兰州大学启动应用，中国残联理事、中国盲人协会主席李庆忠出席了启动仪式。盲文数字平台利用了新一代人工智能技术和大数据技术，能实现盲文翻译、盲文数字资源服务，解决盲文资源短缺、盲人读书难等问题。平台能将需要翻译的书籍与信息资源输出到盲人点显器、盲人刻印机等设备。兰州大学信息无障碍研究中心主任苏伟指出，该平台具有开放、共享、交互等特点，能将汉语、英语、数理化公式，甚至音乐乐谱等信息翻译成盲文，不仅满足了视障者的文化阅读需要，同时也满足了他们交友、学习、生活等多方面需求，并且为盲人学校教育工作的开展提供了便利。

五、滨州医学院

发行全国首份盲文版高校校报。2019 年 5 月 19 日，《滨州医学院报》盲文版、大字版正式出版发行。据中国高校校报协会询证和检索，这是我国首份盲文版高校校报。盲文版校报由校报编辑部与特殊教育学院部分专业教师制作完成，在遵循传统报纸出版要求的基础上，着重考虑了特殊受众的阅读习惯，运用适合特殊受众的无障碍传播手段实现最优化的传播效果。编辑部副主任王素芬介绍，校报还将积极利用数字媒体技术，在发行盲文版、大字版的同时，配发语音版，让视障同学可以通过互联网随时随地了解校情、感受时事。《滨州医学院报》无障碍版本的制作发行，对于提升残疾人学生服务综合水平、增强办报育人功能的发挥，具有重要的时代意义。

六、中国传媒大学

（一）无障碍电影公益项目"光明影院"

中国传媒大学电视学院数百名师生组建参与无障碍电影公益项目"光明

影院",致力利用视听专业优势,以声音还原影视剧画面信息,构筑"文化盲道",为盲人朋友带来影像世界里的光明。"光明影院"项目自 2018 年正式启动,目前已经完成 90 多部无障碍电影制作。北京国际电影节期间,"光明影院"组织了无障碍放映活动,来自北京市社区和北京盲校的 160 余位视障人士走进影院欣赏无障碍电影《西虹市首富》。"光明影院"还不断将无障碍电影光盘赠送给各级盲协、盲校和社区。项目负责老师表示,目标是在 2019 年 5 月 19 日全国助残日到来时,完成第 104 部无障碍电影。

（二）为视障人士举办在线文化活动

2020 年 5 月 17 日,中国传媒大学、北京市朝阳区新时代文明实践中心、北京歌华有线电视网络股份有限公司、东方嘉影电视院线传媒股份公司联合发起光明影院"云上光明"系列活动。活动内容包括:一是"无障碍电影直播放映",由"光明影院"项目团队制作的扶贫题材无障碍电影《玉秀》在腾讯新闻客户端首映;二是有声书《光明·用心听》喜马拉雅电台节目,该节目的主要内容来自于《光明印迹:我的青春之歌》《光明影志:我与祖国同行》两本书籍。而这两本书均由"光明影院"师生志愿者完成,讲述了学生志愿者们参与公益的感悟和收获;三是"云上光明"——5·17 全国助残日平面公益广告征集活动,以"助残""抗疫""光明影院"等为关键词,进行全国助残日平面公益广告设计作品征集;此外,还包括抖音、微博、哔哩哔哩等网络平台的互动推广活动等。

七、中国人民大学

成立无障碍法制研究与评估中心。2019 年 6 月 27 日,中国人民大学无障碍法制研究与评估中心举行揭牌仪式,中国残联副主席吕世明出席仪式并发表演讲。吕世明强调,希望借助中国人民大学无障碍法制研究与评估中心的平台,共同携手、担负重任,将"无障碍"转化为"无障爱",升华为"无限爱",书写残健融合无障碍法治环境建设新篇章。无障碍法制研究与评估中心的成立将进一步推动中国无障碍法律法规制度建设,助力中国无障碍人文环境建设。

八、哈尔滨工业大学

成立无障碍研究中心。2019 年 6 月 20 日，哈尔滨市无障碍环境建设"两个导则"新闻发布会上，哈尔滨工业大学无障碍研究中心揭牌成立。伴随着信息技术的进步，智能家居和智慧城市的建设为信息、交流的无障碍发展提供了机遇。哈工大无障碍研究中心将重点开拓人工智能支持下的城市和建筑智慧设计，同时将在信息无障碍领域展开专项研究，如无线移动通信、定位导航、人工智能、自然语言理解、智能机器人、可穿戴移动计算机系统、交通信息与控制等。

九、南京特殊教育示范学院

成立无障碍管理学院、无障碍联合重点实验室。2019 年 7 月 26 日，"无障碍管理学院""无障碍联合重点实验室"揭牌仪式在南京特殊教育师范学院举办。这是我国高校中设置的第一个无障碍管理学院，致力于无障碍管理人才的培养，为全社会无障碍事业发展提供人才支撑。"无障碍联合重点实验室"由中国残疾人联合会设立，由中国残疾人联合会、东南大学、南京特殊教育师范学院三方共同建设。实验室将从事适于残疾人使用的无障碍技术和产品的开发、应用和推广，为政府、企业制定无障碍发展政策、技术标准、发展战略等提供智力支持。

参考文献

［1］CNNIC：第 45 次《中国互联网络发展状况统计报告》.

［2］张昆.信息无障碍 提升用户体验的另一种视角［M］.北京：清华大学出版社，2018.

［3］凌亢.中国残疾人事业发展报告（2019）无障碍环境建设［M］.北京：社会科学文献出版社，2019.

［4］陆俊，陈能华.信息公平与信息平等研究综述［J］.图书情报工作，2010，54（8）.

［5］李东晓，熊梦琪.新中国信息无障碍 70 年：理念、实践与变迁［J］.浙江学刊，2019（5）.

［6］GB/T 32632.2-2016，信息无障碍第 2 部分：通信终端设备无障碍设计原则

［7］GB/T 31015-2014，公共信息导向系统 基于无障碍需求的设计与设置原则

［8］GB/T 10001.9-2008，标志用公共信息图形符号 第 9 部分：无障碍设施符号

［9］YD/T 3329-2018，移动通信终端无障碍技术要求

［10］YD/T 3076-2016 信息无障碍 视障者互联网信息服务辅助系统技术要求

［11］YD/T 1643-2015，无线通信设备与助听器的兼容性要求和测试方法

［12］YD/T 1761-2012，网站设计无障碍技术要求

［13］YD/T 1822-2012，网站设计无障碍评级测试方法

［14］YD/T 2313-2011，信息无障碍 术语、符号和命令

［15］YD/T 2098-2010，信息无障碍 语音上网技术要求

［16］YD/T 2097-2010，信息无障碍 呼叫中心服务系统技术要求

［17］YD/T 2099-2010，信息无障碍 公众场所内听力障碍人群辅助系统技术要求

［18］YD/T 2065-2009，信息无障碍 用于身体机能差异人群的通信终端设备设计导则

［19］YD/T 1890-2009，信息终端设备信息无障碍辅助技术的要求和评测方法

［20］中国信息通信研究院：《中国信息无障碍发展白皮书》.

［21］中国信息通信研究院：《新型智慧城市发展研究报告（2019）》.

［22］孙德忠，李文芳. 残疾人智能辅具技术的伦理反思［J］. 自然辩证法研究，2019（35）.

［23］陶春静，晏箐阳，马俪芳，等. 残疾人智能移动助行器的发展现状及趋势［J］. 科技导报，2019，37（22）；doi：10.3981/j.issn.1000–7857.2019.22.005.

［24］金鑫. 我国图书馆残疾人公共文化服务均等化研究［D］. 大连：辽宁师范大学.

［25］孔令春，娄海波. 让公共文化服务的阳光洒满城乡大地——从国内外模式和国内经验的视野来看文化公共服务均等化［J］. 中共石家庄市委党校学报，2012，14（1）.

［26］李炳穆，太贤淑，段明莲. 韩国图书馆法［J］. 图书情报工作，2008，52（6）.

［27］谢琼. 欧盟残疾人政策及其对我国的启示［J］. 理论探索，2010（3）.

［28］樊戈. 国内 Web 信息资源无障碍化建设初探［J］. 现代情报，2005（8）.

［29］郭亚军，席俊红，刘燕权. 信息无障碍，距离还有多远？——对146 家美国城市公共图书馆的调查［J］. 图书馆论坛，2020（2）.

［30］ISO/IEC TR 19766：2007，Information technology—Guidelines for the design of icons and symbols accessible to all users，including the elderly and persons with disabilities. https：//www.iso.org/standard/42128.html

［31］Service Ontario. Ontarians with Disabilities Act［Z］. http://www.e–laws. gov.on.ca.

［32］Sri H. Kurniawan. How Accessible Are Web Information Resources for Students with Disabilities?. Computers Helping People with Special Needs. Springer Berlin Heidelberg，2002.

［33］The Minister of Health and Long–Term Care Assistive Devices Program［Z］.http：//www.health.gov.on.ca/english/public/program/adp/adp_mn.html.

［34］Human Resources and Skills Development Canada［Z］. http：//www. hrsdc.gc.ca［2010–02–23］.

［35］Hyun. Longitudinal Study on Web Accessibility Compliance of Government Websites in Korea［C］. Computer－Human Interaction : 8th Asia－Pacific Conference, Seoul, South Korea, 2008.

［36］Yi Y J. Web accessibility of healthcare Web sites of Korean government and public agencies : a user test for persons with visual impairment［J］. Universal Access in the Information Society, 2018.

［37］Jung B K, Son C Y, Park S W, et al. Analysis of ICT accessibility policy and implementation in South Korea［C］. International Conference on Information and Communication Technology Convergence（ICTC）. IEEE, 2015.

［38］United Nations General Assembly（2006）.Convention on the Rights of Persons with Disabilities. Retrieved January 2007, from http : //www.un.org/esa/socdev/enable/rights/convtexte.htm.